꽃의 지혜

꽃의 지혜

L'Intelligence des fleurs

모리스 마테를링크 | 성귀수 옮김

arte

우리 삶의 곳곳에 꽃의 지혜가 만개할진대

어떻게 그 삶이 악과 죽음, 어둠과 허무에 대한

승리의 몸짓이 아닐 수 있겠습니까?

이토록 막막한 삶 앞에서 꽃에게 배우다

모리스 마테를링크의 삶과 문학

모리스 마테를링크Mauricoe Polydore-Marie-Bernard Maeterlinck, 1862~1949는 벨기에 출신으로 유일하게 노벨문학상을 수상한 시인이자 극작가이며 수필가이다.

프랑스어로 글을 쓴 그가 우리나라에 알려진 것은 주로 『파랑새 L'Oiseau bleu』라는 동화 같은 희곡 작품을 통해서이지만, 사실 그는 프랑스 상징주의 시인들로부터 영향을 받아 『온실Serres chaudes』(1889)이라는 시집을 발표하며 문학 활동을 시작한 시인이다. 그 후 연이어 발표한 수많은 희곡 작품이 무대 연출과 주제, 테크닉 면에서 당시로선 획기적인 발상들을 선보여, '벨기에의 셰익스피어'라는 별명을 얻을 정도로 뛰어난 극작가의 반열에 올랐다.

작품 활동 후기에는 희곡보다는 수필에 전념해, 마르쿠스 아우렐리우스(『명상록』의 저자)를 연상시키는 인생의 심오한 지혜를 시적인 문체에 담아 주옥같은 작품들을 내놓기도 했다.

벨기에 겐트에서 태어난 그는 예수회 학교의 엄격한 종교 교육과 운하를 둘러싼 신비로운 자연 풍광의 묘한 상충 속에서 감수성 예민한 어린 시절을 보냈다. 일찍이 문학에 뜻을 두었으나 부모의 강권에 못 이겨 법과대학을 다닌 뒤 한동안 변호사 생활을 하던 그에게 인생의 전기가 닥친 것은, 1886년 파리를 여행하던 중 상징주의 문학의 거장인 빌리에 드 릴라당과 스테판 말라르메를 만나면서부터였다.

오랜 세월 잠재되어 있던 문학적 재능은 그 후 『온실』이라는 우울하고도 감미로운 시집으로 싹을 틔웠고, 곧바로 『말렌 공주*La Princesse Maleine*』(1889)라는 희곡을 통해 화려한 꽃을 피우기에 이른다. 당대를 주름잡던 평론가 옥타브 미르보가 이 작품을 두고《르 피가로》에 극찬에 가까운 평을 쓰자, 이를 계기로 단번에 프랑스 전체를 아우르는 명성이 마테를링크라는 이름을 에워싼 것이다.

부르주아적인 현실을 다룬 연극이 대세를 이루던 당시 풍토에서 신화나 전설의 오묘한 분위기 속에 영혼의 고통과 이상을 섬세하게 표현한 그의 극작품들은 가히 혁명적이라 할 만했다.

이후 수많은 걸작 희곡을 발표했는데, 그중에서도 특히 『펠레아스와 멜리장드 $^{Pelléas\ et\ Mélisande}$』(1892)는 1902년 클로드 드뷔시가 오페라로 작곡함으로써 마테를링크라는 이름을 전 세계적으로 알리는 계기가 되었다.

마테를링크는 1895년 '아르센 뤼팽' 시리즈의 작가인 모리스 르블랑의 여동생이면서 당대 유명 배우이기도 한 조르제트 르블랑을 만나 운명적인 연인이 되는데, 이때부터 상징주의적 극작품보다는 모랄리스트적인 가치가 돋보이는 산문에 치중한다.

이미 뛰어난 희곡 작품들로 상당한 부와 명성을 얻었지만, 그는 이에 아랑곳하지 않고 늘 일개 촌부임을 자처하면서 고독과 은둔을 지향하는 삶의 태도를 견지했다. 이후 말년에 이르기까지 이어진 산문 작업에는 그의 이러한 태도가 여과 없이 반영되어, 자연과의 친화 속에서 인간과 삶의 근원적인 가치를 탐색하는 과정이 심화되었다.

명료하면서 시적인 묘미가 풍부한 그의 산문은 『지혜와 운명 $^{La\ Sagesse\ et\ la\ destinée}$』(1898), 『꿀벌의 삶 $^{La\ Vie\ des\ abeilles}$』(1901), 『꽃의 지혜 $^{L'Intelligence\ des\ fleurs}$』(1907), 『죽음 $^{La\ Mort}$』(1913), 『운명의 문 앞에서 $^{Avant\ le\ grand\ silence}$』(1934) 등 이전과는 또 다른 의미의 걸작들로 결실을 맺기에 이른다.

그의 문학 세계에 대한 평가를 일별하는 의미에서, 1911년 노벨문학상 수여 당시 스웨덴 학술원 사무총장의 연설 중 일부를 살펴보자.

올해의 노벨문학상을 모리스 마테를링크 씨에게 수여하면서, 스웨덴 학술원은 먼저 통상적인 문학 형태와는 너무도 다른, 그만의 독창적이고 참신한 작가적 재능에 특히 주목했음을 밝힌다. 그가 지닌 재능의 이상주의적인 특성은 실로 보기 드문 영적인 경지를 드러내고 있으며, 여기서 우러나는 신비스런 힘은 우리 내면의 비밀스러운 심금에 더없이 섬세한 울림을 준다. 아직 쉰 살이 채 되지 않은 이 비범한 인물은 자기만의 고유한 목소리를 고집하며, 신비스럽고 심오할 뿐 아니라 대중적인 호소력까지 갖춘 경이로운 작가임에 틀림없다.

여기서 '영적인 경지', '신비스런 힘', '심오함' 등의 평가는 마테를링크의 대표적인 희곡들은 물론 후기 작품이라 할 수 있는 산문들을 보아도 결코 과장된 수사가 아님을 알 수 있다.

그는 무엇보다도 눈에 보이는 현실을 초월해 존재하는 진실에 대한 신념을 품고 있었다. 오감으로 느낄 수 있는 현상들 너머에

또 다른 본질이 있다는 믿음이야말로 신비를 구성하는 주요 요건
이다. 그런 믿음은 세계를 있는 그대로의 상태보다 훨씬 더 깊이
있게 들여다보게 해준다. 심오함이란 여기 이곳과 동떨어져 존재
하는 어느 별천지가 아니라 지금 이렇게 우리가 살아가고 있는
세계의 깊이 그 자체에 대한 이야기임을 깨닫게 한다.

마테를링크는 굳이 상상력의 산물이 아니더라도 시간과 공간
에 속한 모든 존재는 '꿈으로 짜인 일종의 베일'을 걸치고 있다고
말한다. 그의 작품들은 그 베일 너머에 존재의 진실이 감춰져 있
음을 암시하는 가운데, 언젠가 베일이 걷히는 날 우리의 참모습
과 하나 되리라는 희망을 갖게 해준다.

마테를링크의 깊은 사유로 길어올린 산문들

마테를링크의 산문들은 자연에 대한 진지한 관심과 인생에 대한
신비주의적 시각이 절묘하게 어우러진 경지를 보여준다. 특정 사
상이나 종교, 학설에 의존하지 않으면서 오로지 직관의 언어를
통해 영혼의 불멸성, 삶과 죽음의 문제, 그로부터 얻을 수 있는 지
혜의 가치를 풀어낸다는 점에서 그의 산문은 파스칼을 연상시킨
다. 평론가들은 또한 마테를링크의 산문 한편한편이 곧 시와 다
를 바 없다는 말로 그 문학적 감수성과 통찰의 매력을 요약해왔

다. 그에게 언어란 분명 시적인 언어를 의미했다. '감춰진 사물의 비밀(res occultae)'을 찾고자 평생을 바친 그는 자신이 구사하는 시적 언어를, 보이는 세계에서 보이지 않는 세계로 의식을 이끄는 유력한 경로로 삼았다. 체계적인 논리를 초극한 직관적 깨달음을 담아냈기에, 그는 한 편의 글에서도 모순된 언술을 피하지 않기로 유명했다. 그런 점에 대한 평단의 지적을 두고, 그는 모순되는 이야기를 할 때마다 오히려 "새로운 나의 얼굴"을 확인할 수 있어 행복하다고 말하기도 했다. 중요한 것은 현상의 이면과 존재의 내면에 대한 성찰이지 논리의 구축이나 체계화된 교설이 아니라고 보았기에 할 수 있는 말이다.

이번에 소개하는 마테를링크의 대표적인 산문 작품들을 통해 장황하지 않은 문맥의 흐름에 잠시나마 고단한 영혼을 기댈 수 있다면, 때로는 묵직한 두드림으로 때로는 은은한 암시로 삶의 발견을 건네는 마테를링크의 지혜에 어느새 마음을 열게 될 것이다.

인간에게 건네는 꽃의 위로

『꽃의 지혜』는 보통 수동적인 생물체로 알려진 꽃을 치밀한 관찰과 시적 감수성을 통해 인간 못지않게 욕망과 지혜를 갖춘 존재로 묘사했다는 점에서, 발표 당시부터 화제가 된 작품이다.

　가장 보잘것없는 들풀에게서 소리 없이 일어나는 일련의 생명 현상은 우리로 하여금 인간의 치열한 생존을 돌아보게 한다. 한 줄기 꽃의 지혜는, 그 꽃이 땅에 박힌 채 꼼짝 못하는 가혹한 운명의 주인공이기에 더욱 찬란히 빛난다.

　꽃은 더 이상 화려한 빛깔과 오묘한 향기를 과시하는 신의 선물이 아니다. 어쩌면 천형일지 모를 삶의 조건에 굴하지 않고 생존의 영역을 확장하기 위해 악착같이 머리를 쓰고 계략을 구사하는 삶의 전사다. 낙원의 백성인 줄로만 알고 있던 5월의 장미도 하루하루 힘겨운 투쟁 속에 삶을 이어가는 우리 인간과 별반 다르지 않다는 얘기다.

　"내가 당신처럼 살아가는데, 당신의 삶이 나처럼 활짝 피어나지 않겠습니까?"

　길가에 피어 있는 한 송이 꽃은 지친 우리들에게 오늘도 그렇게 위로를 건네고 있는지 모른다.

2017년 봄, 성귀수

차례

이 책에서 나는 모든 식물학자들이 익히 알고 있는 몇 가지 사실을 되새기고 싶을 뿐입니다. 나 자신이 어떤 새로운 발견을 한 건 결코 아닙니다. 소박하나마 내가 한 일이라고는 몇몇 기본적인 관찰을 게을리 하지 않았다는 것이지요.

물론 여러 식물이 우리에게 보여주는 지혜의 증거를 전부 살펴보겠다는 의도는 아닙니다. 그러한 증거는 무수히 많고 또 지속적으로 드러나며, 특히 빛과 정신을 향한 식물적 생장의 노력이 집중되는 꽃에서 확인할 수 있습니다.

설사 조잡하고 시원찮은 꽃이나 초목이라 해도, 거기서 지혜와 재치를 전혀 찾아볼 수 없는 경우란 없습니다. 모두가 노동의 완결을 목표로 혼신의 힘을 쏟고 있기 때문이지요. 제각기 대표하

고 있는 생존 형태를 무한히 증식시킴으로써 지구의 표면을 잠식
하고 점거하려는 원대한 야망을 그 모두가 품고 있습니다.

　하지만 자신들을 흙에 묶어놓는 자연의 법칙으로 인해, 그들은
동물과는 비교할 수도 없이 막대한 난관들을 헤쳐나가야만 목표
에 도달할 수 있습니다. 이 과정에서 그들 대부분은 각종 계략과
술책, 장치와 함정을 적절히 활용합니다. 이를테면 곤충을 관찰하
는 능력이라든지 비행술, 탄도학 혹은 공학적인 측면에서 인간의
지식과 발명에 월등히 앞서는 면모를 종종 보여주기도 합니다.

꽃이 수정하는 거창한 체계를 이 자리에서 다시 그려볼 필요가 있을까요? 수술과 암술의 유희, 향기의 유혹, 조화로우면서 화려한 색의 호소, 꽃 자신에게는 전혀 쓸모없지만 벌, 파리, 나비, 나방처럼 외계에서 날아드는 해방자들을 붙들어놓기 위해 공들여 만드는 꿀 등에 대해 말입니다. 그들이야말로 아주 멀리, 보이지 않는 곳에 고요히 서 있는 연인에게서 입맞춤을 배달해오는 사랑의 전령들이니…….

그토록 평화롭고 다소곳해서 모든 것이 인고요, 침묵이요, 복종이요, 묵상으로 보이는 이 식물의 세계는, 그러나 사실은 숙명에 대한 저항이 가장 격렬하고 집요하게 펼쳐지는 곳입니다.

식물에게 자양분을 공급하는 근본 기관인 뿌리는 그 식물의 몸체를 돌이킬 수 없이 땅에 붙들어 매놓습니다. 지금 당신을 괴롭히는 거대한 법칙들 가운데 무엇이 어깨를 가장 무겁게 짓누르는지 생각해본 적이 있는지요? 식물에게 그것은 너무나도 쉬운 질문일 것입니다. 두말할 나위 없이 태어나면서부터 죽을 때까지 한자리에만 붙박여 있게 만든, 바로 그 대자연의 법칙일 테니까요. 아울러 노력을 이리저리 낭비하는 우리 인간보다 식물은 무엇에 먼저 저항해야 하는지 훨씬 더 잘 알고 있습니다.

뒤엉킨 뿌리의 어둠으로부터 거슬러 올라 스스로를 형성하고 꽃의 광채로 활짝 피어나는 일편단심의 에너지는 그 무엇에도 비할 수 없는 장관을 연출합니다. 오로지 하나의 의지로, 아래로 끌어내리는 숙명에서 벗어나 위로 솟아오르는 일에 자신의 모든 것을 걸지요.

무겁고 어두운 법칙을 어기고 우회하여 자신을 해방하고 비좁은 공간을 깨뜨려, 스스로 만들든 어디서 구하든 날개를 달고 가능한 한 멀리 도망쳐, 숙명으로 갇힌 공간을 극복하고 또 다른 영역으로 다가가 살아 움직이는 세계로 파고드는 것……. 식물로서 그런 경지에 도달한다는 건, 우리 인간이 운명적으로 부여된 시간을 벗어나 살고 물질의 가장 버거운 법칙에서 해방된 우주로 진입하는 것만큼이나 놀라운 일이 아닐까요?

　이제 우리는 꽃이 인간에게 불굴의 용기와 굳은 심지, 기발한 재치의 경이로운 모범이 되어가는 과정을 지켜볼 것입니다. 누구든 정원에 핀 작은 꽃 한 송이가 발휘하는 에너지의 절반만이라도 자신을 괴롭히는 온갖 역경을 극복하는 데 투여한다면, 지금과는 아주 다른 운명을 맞이할 수 있을 거라고 믿어도 좋습니다.

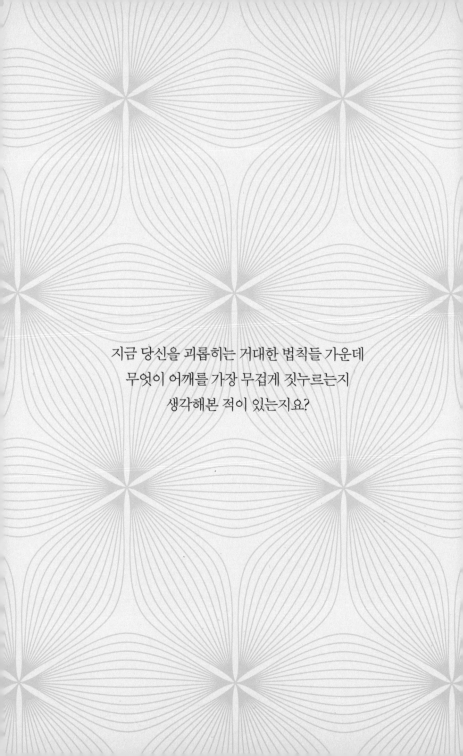

지금 당신을 괴롭히는 거대한 법칙들 가운데
무엇이 어깨를 가장 무겁게 짓누르는지
생각해본 적이 있는지요?

식물에게 그것은 너무나도 쉬운 질문일 것입니다.
두말할 나위 없이 태어나면서부터 죽을 때까지
한자리에만 붙박여 있게 만든,
바로 그 대자연의 법칙일 테니까요.

이처럼 움직이려는 욕망, 공간을 향유하려는 욕구는 대부분의 식
물에서 꽃과 열매를 통해 동시에 발현됩니다. 그중에서도 우선
열매를 살펴보는 것이 쉬울 것입니다. 거기에는 오직 하나의 체
험, 보다 덜 복잡한 예지력이 작용하니까요.

　동물의 영역에서 일어나는 일과는 정반대로, 절대적인 부동성
의 끔찍한 법칙에 얽매여 있는 식물의 씨앗에게 가장 큰 적은 다
름 아닌 그 모태라 할 수 있습니다. 부모가 몸을 움직일 수 없어서
자식들이 숨을 쉬지 못하거나 굶주릴 수밖에 없는 기이한 세계를
한번 상상해보십시오.

　나무나 풀꽃의 발치에 떨어진 모든 씨앗은 그대로 죽어 없어지
거나 보잘것없는 싹을 틔우기 마련입니다. 그 사실을 너무도 잘

알기에, 속박을 벗어나 공간을 정복하려는 식물의 엄청난 노력이 시작되는 것입니다. 그로부터 숲과 들판 구석구석에서 살포와 추진, 비행의 경이로운 체계가 가동되지요.

특히 흥미로운 예를 몇 가지 들어볼까요. 단풍나무 시과翅果의 공기처럼 가벼운 프로펠러, 보리수의 꽃자루에 달린 커다란 포엽, 엉겅퀴와 민들레의 멋진 활공 장치, 속수자의 놀라운 탄력, 비터 멜론의 매우 특이한 분무 주머니, 도꼬마리의 솜털 갈고리……. 그 밖에도 입이 떡 벌어질 만큼 기상천외한 장치들이 수없이 많습니다.

세상 모든 씨앗이 모태의 그늘에서 어떻게든 벗어나기 위해 자신에게 가장 적합한 방법을 제각각 고안해두고 있다는 뜻이지요.

아마 식물학을 공부해보지 않은 사람이라면, 우리 눈을 즐겁게 해주는 그 모든 초목의 푸름 속에서 식물들이 얼마나 풍부한 상상력과 재능을 발휘하고 있는지 짐작도 못할 것입니다. 뚜껑별꽃의 앙증맞은 씨앗 냄비라든가 봉선화가 지닌 다섯 개의 밸브, 제라늄의 다섯 캡슐 등을 잘 살펴보십시오.

혹시 약초 판매점에 들를 기회가 있으면 잊지 말고 양귀비와 그 우스꽝스러운 머리통을 유심히 관찰해보세요. 그 통통한 머릿속에야말로 최고의 찬사가 아깝지 않은 신중함과 선견지명이 도

아마 식물학을 공부해보지 않은 사람이라면,
우리 눈을 즐겁게 해주는 그 모든 초목의 푸름 속에서
식물들이 얼마나 풍부한 상상력과 재능을
발휘하고 있는지 짐작도 못할 것입니다.

사리고 있으니까요. 그 안에 엄청나게 작고 새까만 씨앗이 수천 개가 바글거리고 있다는 건 이미 널리 알려진 사실입니다.

이제 그 씨앗들을 최대한 멀리, 맵시 있게 살포하는 것이 문제겠지요. 만약 씨를 머금은 캡슐이 쩍 갈라져 떨어지거나 아래로 벌어진다면, 소중한 까만 씨앗들은 꽃줄기 발치에 우수수 쌓여 쓸모없는 알갱이 더미가 되고 말 것입니다.

그러나 실상은 전혀 그렇지 않습니다. 덮개 꼭대기에 뚫린 수많은 구멍을 통해 씨앗들이 힘차게 솟구쳐나가도록 되어 있지요. 일단 무르익은 주머니는 꽃자루 쪽으로 기울어지고, 미세한 바람 한 점에도 향로를 흔들듯 이리저리 머리를 흔들어, 그야말로 씨 뿌리는 사람처럼 드넓은 공간을 향해 파종합니다.

새들의 힘을 빌려 살포되기를 기다리며 암중모색하는 씨앗 이야기도 해볼까요? 새들을 유인하기 위해 달짝지근한 주머니 속에 꽁꽁 웅크리고 있는 겨우살이나 노간주나무, 마가목의 씨앗들 말입니다. 벌들을 유인하는 꿀이 꽃에게는 아무 쓸모가 없는 물질인 것처럼, 씨앗 주머니도 씨앗 자체에 쓸모가 있어서 달콤한 건 아닙니다.

새는 다디단 열매를 먹으면서 그 속에 웅크린 '소화되지 않는' 씨앗들까지 함께 삼킵니다. 이제 새가 훌쩍 날아올라, 껍질을 벗어 던진 채 언제라도 싹 틔울 준비가 된 배 속 씨앗들을 되도록 멀리 떨어진 곳에 고스란히 배설해주는 일만 남은 셈이지요.

조금 더 단순한 수단들에 관해 이야기해볼까요. 길가에 흔히 자리 잡은 덤불에서 아무 풀이든 한 줄기만 뽑아보십시오. 당신은 지칠 줄 모르고 혼자서 열심히 일하고 있는 뜻밖의 지혜를 발견하게 될 것입니다.

여기, 산책을 하다 수없이 마주쳤던 보잘것없는 풀 두어 포기가 땅을 기다시피 하고 있습니다. 그야말로 사방 어느 곳에서든, 심지어 제아무리 황량한 구석이라도 부식토 한 줌만 뿌려져 있으면 볼 수 있는 그런 흔한 풀입니다. 이름하여 '개자리속'에 속한 야생풀들, 가장 소박한 의미로 소위 '잡초'라 부르는 것들이지요. 그중 하나는 자줏빛 꽃을, 다른 하나는 완두콩만 한 크기의 노란 꽃다발을 품고 있습니다.

도도한 화본과禾本科 식물이 즐비한 풀밭에 몸을 숨긴 채 기어다니는 모습만 본다면, 과연 이들이 시라쿠사의 저 유명한 기하학자이자 물리학자(아르키메데스 - 옮긴이)보다 훨씬 먼저 나선 펌프의 놀라운 원리를 발견하여, 물을 끌어 올리는 일 정도가 아니라 공중을 나는 일에 교묘히 활용하고 있을 거라 그 누가 상상이나 하겠습니까.

그들은 서너 바퀴 감아 돌도록 고안된 나선형 꼬투리 속에 씨앗을 담아두는데, 그렇게 함으로써 씨앗이 떨어지는 시간을 연장하고, 결과적으로는 바람의 도움을 얻어 허공을 가르는 체공 시간을 늘립니다.

특히 노란색을 띠는 녀석들은 나선의 가장자리에 두 줄로 돋아난 까칠한 털이 산책하는 사람의 옷이나 지나가는 짐승의 털에 매달리게 해, 자줏빛을 띠는 녀석들의 장비를 더욱 완벽하게 보완합니다. 즉, 바람을 이용한 씨앗 살포를 넘어 양이나 염소, 토끼 같은 짐승을 매개로 하는 파종에까지 욕심을 내고 있는 셈이지요.

말이 나온 김에, 토끼풀은 제쳐두고라도 개자리속의 다른 종류들에 대해서도 좀 살펴볼까 합니다. 예를 들어 나비 모양 꽃을 피우는 다른 콩과 식물의 경우는 앞서 이야기한 종류와 자칫 혼동하기 쉽지만, 그런 비행 장비에 전혀 기대지 않고 꼬투리의 기본

기능에만 전적으로 의존합니다. 그들 중 오렌지빛 개자리는 꼬투리가 나선형으로 배배 꼬이는 양상이 매우 두드러지고, 또 다른 변종인 달팽이꼴 개자리는 이 나선형이 아예 공처럼 동글동글 말려 있는데도 말이죠.

그런 걸 보면 아직 운명이 채 결정되지 않은 상태에서 미래를 보장할 수 있는 최선책을 찾아내려고 지금도 연구와 개발에 여념이 없는 어떤 종을 목격하는 것 같아 가슴이 뭉클해지지요.

짐작건대 나선형 조직으로 별 효과를 거두지 못한 노랑개자리풀 역시, 문득 자신의 잎사귀가 암양의 구미를 끌어당기는 걸 보고 그 짐승에게 자기 자손의 번식을 맡겨야겠다고 판단해 열심히 연구한 끝에 동물의 털에 잘 달라붙는 갈고리형 털을 개발해 낸 게 아닐까요? 결국 그런 기발한 아이디어와 노력 덕분에, 노란 꽃이 피는 개자리풀이 자줏빛 꽃을 피우는 보다 건장한 사촌보다 훨씬 더 광범위하게 퍼져나가 삶을 영위하는 게 아닐까요?

길가에 흔히 자리 잡은 덤불에서
아무 풀이든 한 줄기만 뽑아보십시오.

당신은 지칠 줄 모르고 혼자서 열심히 일하고 있는
뜻밖의 지혜를 발견하게 될 것입니다.

비단 씨앗이나 꽃뿐일까요. 식물의 겸허한 노동을 잠시만이라도 눈여겨 살펴본다면 줄기와 잎, 뿌리에 이르기까지 치밀하고 생동감 넘치게 활동하는 지혜의 흔적을 수없이 발견할 수 있습니다.

온갖 역경을 극복하고 빛을 향해 뻗어가는 나뭇가지들의 장엄한 노력이라든가, 곤경에 처한 나무들의 용감하고 영리한 투쟁을 한번 생각해보십시오.

언젠가 프로방스를 여행할 때 제비꽃이 만발한 루Loup의 멋진 협곡에서 백년 된 거대한 월계수의 영웅적인 모습을 만났는데, 이를 결코 잊지 못할 것입니다. 괴로운 듯 뒤틀린 그 나무줄기에서 처절하고 고달팠을 삶의 드라마를 읽어내기는 그리 어렵지 않았습니다.

　운명의 지배자인 어느 새나 혹은 바람 한 줄기가 하필 철의 장막처럼 깎아지른 암벽에다 씨앗을 떨어뜨린 것이겠지요. 결국 나무는 200미터 아래 사나운 급류를 굽어보는 '접근 불가'한 고독한 지점, 뜨겁고 메마른 돌 틈에서 태어나야만 했습니다.

　처음 얼마 동안은 조금이나마 있을지 모를 흙과 물을 찾아 눈도 채 뜨지 못한 뿌리를 오랫동안 힘겹게 뻗어냈을 것입니다. 하지만 그 정도쯤은 남프랑스 지방의 메마른 기후에 익숙한 종으로서 대대로 겪어온 고충에 지나지 않았겠지요.

　문제는 그보다 훨씬 심각하고 예기치 못한 난관을 어린 줄기 혼자서 헤쳐나가야만 했다는 사실입니다. 다짜고짜 수직면에서 출발하는 바람에 이마를 하늘로 들어 올리는 대신 저 아래 심연으로 떨어뜨리게 생겼으니까요. 가지들의 무게가 갈수록 무거워져도 월계수는 자신의 뒤틀린 줄기를 고집스럽게 꺾어가며 일단 몸을 일으켜 세웠을 테고, 끈기와 의지와 부단한 긴장 속에서 저 푸른 하늘을 향해 묵직한 월계관을 떠받쳤을 것입니다.

　그때부터 나무의 모든 주의력과 에너지, 깨어 있는 정신은 줄기를 지탱하는 바로 그 관절에 온통 집중되기 시작했습니다. 그로테스크하게 꺾여 엄청나게 비대해진 마디에서는, 비와 폭풍이 전하는 징조들을 살필 줄 알기에 하게 되는 여러 고민의 흔적이 하나둘 배어나고 있었습니다. 해를 거듭할수록 빛과 온기 속에 그저 활짝 피어날 생각뿐인 잎사귀들이 점점 무거운 궁륭을 이루는 동안, 그 모든 걸 지탱해야만 하는 비극적인 팔꿈치에는 몹쓸 종양이 깊숙이 파고들었습니다.

그런데 이게 웬일입니까. 나로선 도저히 알 수 없는 어떤 본능의 지시일까요? 꺾인 팔꿈치로부터 줄기를 따라 위로 50센티미터 이상 올라간 지점에서 굳센 뿌리 두 가닥이 흡사 털 달린 밧줄처럼 뻗어 나오더니 거친 암벽에다 나무를 붙들어 매는 게 아니겠습니까!

궁하다 보니 얼떨결에 통한 걸까요? 아니면 처음부터 지탱 수단을 배가시킬 결정적인 위기의 순간을 미리 내다보면서 묵묵히 기다려온 걸까요? 그저 운이 좋았던 것뿐일까요? 우리네 보잘것없는 인생에 비해 그토록 길고 지난한 침묵의 드라마를 과연 인간의 잣대로 가늠이나 할 수 있겠습니까?

놀라운 기질을 보여주는 식물 가운데 소위 살아 움직이고 느낄 줄
도 안다고 할 수 있는 종류들에 대해선 좀더 세밀하게 연구해볼
만합니다. 일단은 우리 모두가 잘 알고 있는 미모사의 수줍은 듯
움찔하는 모습을 환기하는 것으로 만족할까 하는데요, 그 밖에 자
발적인 운동 능력을 갖춘 풀들은 별로 알려져 있지 않습니다.

특히 도무초라는 풀의 움직임은 정말 놀랍지요. 아시아가 원산
지인 이 자그마한 콩과 식물은 요즘 유럽의 온실에서도 자주 접
할 수 있습니다. 햇빛이 화창한 날이면 도무초는, 뭐랄까요, 매우
기묘한 춤 같은 동작을 오래도록 보여줍니다.

세 갈래로 나뉜 잎사귀 중 큰 놈이 끄트머리에 달려 있고, 나머
지 작은 두 놈이 그 잎자루 어귀에 달려 제각각 움직이는 것입니

다. 거의 주기적으로 끊임없이 이어지는 움직임이 무척이나 리드 미컬하지요. 빛에 워낙 민감해서 구름이 하늘을 가리거나 그 한 귀퉁이를 살짝 열어젖히기만 해도 춤동작이 느려지거나 빨라집 니다. 그야말로 진정한 광도계일 뿐만 아니라, 윌리엄 크룩스 경 (영국의 물리학자이자 화학자 – 옮긴이)의 발명품보다 훨씬 앞선 천연 복사계라 해도 과언이 아니지요.

식물의 겸허한 노동을
잠시만이라도 눈여겨 살펴본다면
줄기와 잎, 뿌리에 이르기까지
치밀하고 생동감 넘치게 활동하는 지혜의 흔적을
수없이 발견할 수 있습니다.

끈끈이주걱이라든가 끈끈이대나물 등도 포함해 이런 초목들은
사실 동물과 식물의 영역을 구분하는 미묘한 경계선을 이미 제멋
대로 넘어버린, 꽤나 괴팍한 녀석들이라고 해야 할 것입니다. 굳
이 그런 데까지 눈 돌릴 필요 없이, 진흙이나 돌멩이 틈에서 거의
눈에 띄지 않게 연명하는 식물들만 살펴봐도 그에 못지않은 지혜
와 자발성을 얼마든지 확인할 수 있습니다.

　이제 나는 놀라운 민꽃식물에 대해 이야기하려고 합니다만, 이
들을 제대로 연구하려면 현미경이 반드시 필요할 정도지요. 버섯
이나 고사리, 특히 쇠뜨기나 속새의 포자 활동이 아무리 멋지고
기발해도 우리가 전혀 눈치채지 못한 채 지나치는 이유가 바로
거기 있습니다.

그런데 진창이나 수렁에 사는 수생식물의 경우는 그 경이로운 활동이 오히려 좀더 잘 드러나는 편입니다. 물속에서는 꽃의 수분이 이루어지지 않기 때문에, 조금이라도 건조한 환경에서 꽃가루를 살포하기 위해 다들 색다른 장치를 생각해낸 것이지요.

이를테면 바닷말의 일종인 거머리말 같은 경우, 자신의 꽃을 잠수종처럼 단단히 오므립니다. 수련으로 말하자면, 꽃을 아예 수면 위로 띄워 올려 그 순간부터 무한정 늘어나는 꽃자루로 지탱하며 살아갑니다. 그런가 하면 노랑어리연꽃 같은 녀석은 그만큼 든든한 꽃자루가 없기에, 그저 물 위를 둥둥 떠다니는 듯하다가 물거품처럼 저 혼자 스러지기도 하지요.

마름을 보면 공기로 볼록하게 부푼 일종의 주머니가 꽃자루에 갖춰져 있습니다. 그로 인해 수면 위로 떠올라 피어난 꽃에서 수분이 이루어지면, 주머니 속의 공기가 빠져나가는 대신 물보다 무거운 점액이 그 안에 들어차고, 모든 기관이 다시 물속으로 가라앉은 다음 열매는 수렁 속에서 무르익게 됩니다.

통발이 가진 장치는 이들보다 훨씬 더 복잡하지요. 연못이나 지저분한 웅덩이, 늪 같은 데 사는 이들은 겨울 내내 물속 수렁에서 휴식을 취하며 모습을 드러내지 않습니다. 길게 늘어진 줄기의 잎들까지도 갈라진 섬유 모양으로 쪼그라들고 말이지요.

그런데 그 잎겨드랑이를 가만히 살펴보면, 마치 서양배처럼 생긴 작은 주머니가 달려 있고 그 꼭지에는 일종의 밸브가 구멍을 막고 있는 것을 알 수 있습니다. 밸브 가장자리에는 잔털들이 돋아 있고, 주머니 속에도 미세한 털들이 촘촘히 나 있어 언뜻 벨벳 같은 느낌을 주기도 합니다.

마침내 꽃을 피울 시기가 도래하면 주머니 속에 공기가 들어차는데, 구멍의 밸브가 밖에서 안쪽으로 열리도록 되어 있어 빠져나가려는 공기의 압력이 오히려 밸브를 더욱 단단히 닫혀 있게 만드는 역할을 합니다. 결국 주머니 속 공기가 몸을 가볍게 만들어 수면 위로 떠오르게 되지요. 그제야 비로소 노랗고 앙증맞은 꽃이 활짝 피는 것입니다. 꽃은 괴상한 주둥이가 볼록한 입술을 내민 모양이고, 그 안으로 오렌지색 또는 불그스름한 줄무늬가 겹겹이 비쳐 보입니다.

6월에서 8월에 이르는 동안 이들 꽃은 잡다한 식물 찌꺼기 사이에서 단연 상큼한 빛깔을 드러내고, 진창의 수면 위로 우아한 자태를 마음껏 뽐냅니다. 그러다 수분이 이루어져 열매가 무르익기 시작하면, 주머니의 개폐 장치가 새로운 기능을 수행하지요. 주위의 물이 주머니의 밸브를 안으로 밀어 열고 그 속으로 쏟아져 들어가게 됩니다. 그러면 결국 몸무게가 무거워져 다시 수렁

속으로 가라앉게 되지요.

이 까마득히 오래된 작은 장치 속에 기압과 수압으로 조절되는 밸브의 작동이라든가, 아르키메데스의 원리 등 인간의 가장 참신하고 풍요로운 아이디어 몇 가지가 고스란히 담겨 있다는 게 신기하지 않은가요?

우리는 종종 이 세계가 지성이 완전히 결여된 채 무의식적으로 굴러갈 뿐이며, 그 안에서 인간은 자기들만의 대수롭지 않은 아이디어로 전혀 새로운 조합과 관계들을 형성해나간다고 상상하곤 합니다.

하지만 자연 만물을 좀더 자세히 들여다보면, 그 무엇이든 인간 스스로 창조해냈다는 말이 얼마나 터무니없는 주장인지가 빤히 드러나지요. 이 지상에 마지막으로 등장한 우리 인간은 이미 존재해온 것을 다시 찾아낼 뿐이며, 우리 이전에 생명이 걸어간 길을 그저 '놀란 어린아이'처럼 뒤밟아가고 있을 뿐입니다.

우리는 종종 이 세계가 지성이 완전히 결여된 채
무의식적으로 굴러갈 뿐이며,
그 안에서 인간은 자기들만의 대수롭지 않은 아이디어로
전혀 새로운 조합과 관계들을
형성해나간다고 상상하곤 합니다.

하지만 자연 만물을 좀더 자세히 들여다보면,
그 무엇이든 인간 스스로 창조해냈다는 말이
얼마나 터무니없는 주장인지가 빤히 드러나지요.

수생식물에 대한 이야기를 마무리 지으면서 그중 가장 기상천외한 주인공을 간단하게나마 소개하지 않고 넘어갈 수는 없겠지요. 이름하여 자라풀과에 속하는 나사말. 꽃들의 사랑 이야기에서 가장 비극적인 혼례 장면을 연출하는 식물입니다.

나사말은 별로 두드러질 것 없는 잡풀로, 수련이라든가 일부 수초에서 느껴지는 묘한 매력이라곤 전혀 찾아볼 수 없습니다. 그런데도 자연은 기꺼이 그 안에 멋진 아이디어를 불어넣어둔 것 같습니다.

녀석은 거의 전 생애를 물속에서 일종의 반수半睡 상태로 살아가다가, 혼례 시기에 이르러 비로소 새 삶을 모색합니다. 그때가 되면 나선형으로 배배 꼬인, 암꽃의 긴 꽃자루가 서서히 뻗어 나오면서 수면 위로 떠올라 꽃을 활짝 피웁니다. 그러면 햇살이 들이치는 물속의 또 다른 줄기에서 그 모습을 지켜보던 수꽃이, 이미 수면 위 신기한 세상에 둥둥 뜬 채 그를 기다리는 암꽃을 향해 부푼 희망을 안고 다가가지요.

하지만 중간쯤에 이르러 수꽃은 무언가가 발목을 덥석 붙드는 걸 느끼고 맙니다. 생명의 뿌리이기도 한 자신의 꽃자루는 암꽃의 꽃자루만큼 길지 못한 것이지요. 이대로라면 암술과 수술의 결합을 가능케 할 유일한 공간인 빛의 수면 위에는 결코 도달할 수 없을 것입니다.

자연이 벌인 일 중에서 이보다 더 잔인한 상황이라든지 부주의한 과실이 또 있을까요? 눈앞에 빤히 보이는데도 가닿지 못하는 이 숙명, 손만 뻗으면 닿을 것 같은데 결코 도달할 수 없는 것에 대한 이 갈망의 드라마가 어떠할지 상상해보십시오! 그건 어쩌면 지상에서 우리 인간이 겪는 비극과 크게 다르지 않을 것입니다.

그런데 여기 미처 예기치 못한 요소가 하나 개입합니다. 수꽃이 혹시 자신들의 시도가 벽에 부딪칠 수도 있음을 예감했던 걸까요? 우리 영혼 속에 자유를 향한 처절한 갈망이 도사리고 있듯, 그들의 가슴속에는 힘찬 공기 방울이라도 움트고 있었던 걸까요?

자연이 벌인 일 중에서
이보다 더 잔인한 상황이라든지 부주의한 과실이 또 있을까요?

눈앞에 빤히 보이는데도 가닿지 못하는 이 숙명,
손만 뻗으면 닿을 것 같은데 결코 도달할 수 없는 것에 대한
이 갈망의 드라마가 어떠할지 상상해보십시오!

그건 어쩌면 지상에서 우리 인간이 겪는 비극과
크게 다르지 않을 것입니다.

수면을 향해 부상하던 그들의 움직임이 일순 멈칫했던 건 분명합니다. 하지만 그것도 잠시, 행복에 이르기까지 상승하려는 기막힌 노력으로 그들은 자신을 삶과 연결해주던 끈마저 단호하게 끊어버리는 게 아니겠습니까! 내가 아는 한, 꽃이든 곤충이든 이보다 더 초자연적인 감동을 주는 경우는 없습니다…….

마침내 꽃자루에서 떨어져 나온 수꽃들은 경쾌한 기포를 일으키며 힘차게 솟구쳐 보란 듯이 수면에 떠오르고야 맙니다. 그런 사정을 아는지 모르는지 두둥실 유유자적한 모습의 암꽃들, 그리고 이미 만신창이가 된 몸이지만 어디까지나 자유롭고 찬란한 자태로 그 곁을 한동안 맴도는 수꽃들…….

급기야 수분이 이루어지면, 그 즉시 수꽃들은 맥없이 스러져버립니다. 아울러 무르익기 시작한 암꽃들은 낭군의 마지막 숨결이 배어 있는 화사한 꽃부리를 곱게 닫아걸고, 그 영웅적인 입맞춤의 결실을 안전하게 잉태하기 위해 나선형 꽃자루를 서서히 되감아 저 깊은 물속으로 다시 가라앉습니다.

흔히 '새삼'이라고 부르는 기생식물도 그만큼 유별나고 교묘한 장관을 보여줍니다. 녀석에게는 잎사귀가 없고 줄기도 몇 센티미터밖에 되지 않는데, 일단 자신의 뿌리를 자진해서 떼어버리고 나면 눈여겨봐둔 숙주를 즉시 감아 올라 그 몸체에 흡기를 꽂아 넣습니다. 그때부터 오로지 먹잇감인 숙주식물에 의존해 살아가는 것이지요.

세상 그 무엇도 녀석의 총명함을 뛰어넘을 수는 없습니다. 든든한 지주가 주변에 널려 있어도 제 입맛에 맞지 않으면 한사코 거부하고, 대마라든가 홉, 개자리풀의 줄기를 찾기 위해 아무리 먼 거리도 마다하지 않으니까요.

새삼에 관해 이야기하다 보니 아주 기발한 습성을 가진 덩굴식물들에게도 자연스레 관심이 가므로 그 이야기를 다시 하지 않을 수 없겠습니다. 시골에서 어느 정도 살아본 사람이라면 벽에 기대놓은 삽이나 쇠스랑 자루를 어떻게 알고 찾아가는지, 메꽃이라든가 포도나무의 덩굴손이 보여주는 신비한 능력 앞에서 감탄을 금치 못한 경험이 여러 번 있을 것입니다.

삽자루를 다른 데로 옮겨보십시오. 다음 날 덩굴손은 어김없이 방향을 틀어 바로 그 삽자루를 찾아갈 것입니다. 당장 인용하기에는 너무 길어서 곤란하지만, 쇼펜하우어도 「자연에서의 의지에 대하여」라는 논문을 통해 이런 유의 현상에 관한 많은 체험과 관찰을 기록으로 남겼지요.

다양한 기교와 수단, 계략으로 가득 찬 그 많은 예 중에서, 노란 꽃이 마치 민들레를 닮은 히오제리스라는 식물의 조심성과 용의주도함은 분명 언급할 가치가 있습니다. 녀석은 종의 안정과 풍부한 번식을 똑같이 추구하느라 두 종류의 씨앗을 동시에 품는 걸로 유명하지요. 하나는 날개가 달려 있어 바람 한 점에도 쉽게 떨어져나가는 반면, 다른 하나는 날개는커녕 꽃 속에 꼼짝없이 갇혀 있어 그 전체가 분해되어야만 벗어날 수 있습니다.

가시도꼬마리의 경우는 씨를 살포하는 장치가 어느 정도까지 정교하게 고안되어 효율적으로 가동될 수 있는지를 단적으로 보여줍니다. 이 녀석은 거친 가시가 돋아 있어 그 생김새가 여간 무시무시하지 않습니다.

서유럽에 알려진 지도 얼마 되지 않았기에 사람들은 당연히 그것이 그렇게 잘 적응하리라고는 생각하지 못했지요. 한데 씨앗 캡슐이 달린 갈고리를 갖추고서 짐승들의 살갗에 닥치는 대로 들러붙은 덕분에 오늘날과 같은 분포도를 누릴 수 있게 되었습니다.

러시아가 고향인 이 녀석은 그곳 초원에서 들여온 작은 모피 봇짐에 묻어 여기까지 온 것으로 보이는데, 새로운 세상에 적극적으로 이주한 그 대담무쌍한 족적을 지도만 펼쳐놓으면 당장이라도 추적해볼 수 있을 것 같습니다.

그런가 하면 올리브나무 아래 희고 소박한 꽃을 잔뜩 피워내는 끈끈이대나물은 조금은 다른 방향에서 자기만의 아이디어를 발휘하지요. 얼른 보기에도 아주 소심하고 예민할 것 같은 이 녀석은, 거칠고 성가신 벌레가 꽃에 접근하는 걸 되도록 막기 위해 줄기에서 끈적끈적한 점액을 분비하는데, 그 점액에 해충들이 워낙 잘 들러붙어 남프랑스 지방의 농가에서는 파리잡이용 식물로 인기가 대단합니다.

끈끈이대나물 가운데 어떤 종류는 이 장치를 보다 효율적으로 간소화한 경우도 있습니다. 무엇보다도 개미를 싫어하다 보니 놈들이 기어오르는 것을 막기 위해 가지의 마디마다 끈적끈적한 점액 고리를 만들어놓을 생각까지 하게 된 것이지요. 이는 해충이 기어오르는 걸 막으려고 정원사가 사과나무 둥치에 타르를 빙 둘러 칠해놓는 것과 정확히 일치하는 방법입니다.

그러고 보니 식물들의 자기방어 수단에 관해서도 한번 살펴보고 싶어집니다. 그들이 애용하는 무기라면 뭐니뭐니해도 가시를 꼽을 수 있는데, 최근에 나는 그늘과 습기가 식물의 날카로운 부위를 현저히 축소시킨다는 흥미로운 사실을 알게 되었습니다.

반대로 햇볕이 뜨겁게 내리쬐어 바싹 메말라 있는 환경일수록 식물의 몸에 난 가시들은 더욱 날카롭게 활개를 칩니다. 마치 황량한 바위틈이나 뜨거운 모래밭에서 홀로 살아남은 처지로서는, 적 또한 그만큼 먹잇감이 부족할 테니 더더욱 악착같은 방어 수단을 갖춰야 한다는 걸 잘 이해하고 있는 듯합니다.

한편 오랜 세월 인간의 손에 길들여져 농지 같은 데서 재배되어온 가시식물들은 점차 무기를 놓아버리고 초자연적인 보호자의 손에 자신의 안위를 맡기게 되지요.

유리지치 같은 식물들은 가시를 아주 빳빳한 털로 대체해버린 경우입니다. 쐐기풀은 거기에 약간의 독성을 곁들였지요. 그 밖에 제라늄이나 박하, 궁궁이 등은 짐승들의 접근을 뿌리치기 위

해 역한 냄새를 풍깁니다. 쇠뜨기 같은 풀은 까칠까칠하고 미세
한 조직을 뒤집어쓰고 있어 진짜 갑옷이라도 껴입은 듯한 인상입
니다. 그리고 거의 모든 화본과 식물은 괄태충이나 달팽이의 왕
성한 식욕을 떨어뜨리기 위해 자신의 조직 내에 석회 성분을 흡
수해두지요.

우리의 정원에서 무수히 이루어지는 혼례 의식 가운데서도 타가 수분(암수가 다른 개체로 나뉜 상태에서의 수분 – 옮긴이)에 필요한 복잡한 장치들을 살펴보기 전에, 우선 같은 꽃부리에서 배우자의 인연이 맞아 서로 사랑하고 죽어가는 경우를 살펴보겠습니다.

워낙 간단한 장치여서 우리 모두 충분히 알고 있겠지만, 일반적으로 가녀린 모습의 수술이 꼿꼿하고 단단한 암술 주위로 여럿 포진하는 식입니다. 그런데 실은 이들 기관의 배치 상태나 형태, 습성이 꽃들마다 조금씩 달라, 마치 자연이 아직 마음을 정하지 못했거나 상상력의 답습 자체를 싫어한다는 느낌이 들기도 합니다.

보통은 꽃가루가 무르익으면 수술 끝에서 떨어져 나와 자연스럽게 암술에 안착하기 마련이지요. 하지만 암술과 수술이 같은 크기이거나, 둘 사이의 거리가 너무 멀거나, 아예 암술의 키가 수술의 두 배쯤 되는 경우도 허다합니다. 그래서 서로 결합하기 위해 무한한 노력이 시작되는 것이지요.

이를테면 쐐기풀 같은 경우 평소에는 꽃부리 속 수술들이 잔뜩 웅크리고 있습니다. 그러다 수정 시기가 도래하면 꽃자루가 마치 용수철처럼 뻗어나가는데, 그 힘으로 꽃밥이라든가 꽃가루주머니가 암술머리 쪽에 부연 꽃가루를 던집니다.

매자나무의 경우는 되도록 화창한 날 최적의 시간대를 골라 혼례를 치르기 위해서인지, 그러잖아도 암술에서 다소 떨어져 있는 수술들이 그 축축한 분비선의 무게를 핑계 삼아 꽃의 내벽에 바짝 달라붙어 있습니다. 그러다 해가 비치고 습기가 증발하기 시작하면, 무게를 덜어낸 수술들이 암술머리 쪽으로 일제히 곧추서는 것이지요.

그런가 하면 앵초처럼 암술과 수술이 서로 번갈아 크기도 하고 작기도 한 아주 색다른 경우도 있습니다. 백합이나 튤립 같은 꽃은 너무 훤칠한 암술 쪽에서 꽃가루를 받아내기 위해 할 수 있는 모든 노력을 다 하는 편이고요.

무엇보다도 독특하고 놀라운 장치는, 소위 월경불순에 효험이 있다고 하는, 악취 심한 약초 궁궁이에게서 찾아야 할 것입니다.

노란 꽃부리 속의 수술들이 크고 퉁퉁한 암술 주위에 빙 둘러가며 다소곳이 자리 잡은 채 마냥 기다립니다.

마침내 혼례 시기가 닥치면 마치 호명이라도 하는 듯한 암술의 지시에 따라 수술 하나가 말없이 다가가 암술머리에 얌전히 입을 맞추고는 다시 물러나지요. 이어서 원을 그린 배열에서 세 번째, 다섯 번째, 일곱 번째, 아홉 번째…… 그렇게 홀수 번째에 자리 잡은 모든 수술이 차례로 다가와 똑같은 의식을 거행합니다. 그런 다음에는 짝수 번째에 자리 잡은 나머지 수술들이 차례대로 다가가 똑같은 방식으로 혼례 의식을 치르지요.

그야말로 주문식 사랑법이 따로 없습니다! 스스로 수를 셀 줄 아는 이 꽃이 어찌나 신기한지 처음에는 식물학자의 말을 도저히 믿을 수가 없었습니다. 일단 내 두 눈으로 직접 확인해야겠다고 고집을 부렸지요. 그런데 녀석이 정말이지 아주 드물게밖에는 실수를 하지 않는 것이었습니다.

아마도 이 같은 예들을 더 이상 줄줄이 늘어놓을 필요는 없을 것입니다. 들이나 숲을 슬며시 거닐기만 해도, 식물학자가 이야기해주는 것 못지않게 흥미로운 현상을 수없이 직접 목격할 테니까요. 다만 이 장을 덮기 전에 마지막으로 이 꽃 하나만은 짚고 넘어가야 할 것 같습니다. 그 꽃이 뭔가 대단한 상상력을 발휘해서가 아닙니다. 아주 쉽게 이해되면서도 그 사랑법이 참으로 정겨운 매력을 보여주기 때문입니다.

'흑종초'라는 이름의 꽃인데요, 그 이름 말고 흔히 불리는 별명들이 그야말로 환상적입니다. '비너스의 머리채', '수풀 속의 악마', '안개 속의 사랑', '머리 헝클어진 미녀' 등 마음에 드는 작은 풀꽃 하나를 그럴듯하게 묘사해보려 한 시인들의 부단한 노력이 애틋하기까지 합니다.

대개 남프랑스 지방의 길가나 올리브나무 아래에서 야생 상태로 자라는데, 북부 지방에서는 구식 정원에서 종종 재배되기도 합니다. 원시화풍으로 그려진 꽃처럼 생긴 이 작고 연한 푸른빛의 주인공에게 하필 '비너스의 머리채'라든가 '머리 헝클어진 미녀' 따위의 별명이 붙은 이유는, 가느다랗고 여린 이파리들이 마치 푸르스름한 운무처럼 꽃부리 주위를 부옇게 감싸고 있기 때문이지요.

푸른 왕관 같은 꽃의 중앙에 아주 기다란 암술 다섯 개가 옹기종기 모여 있는 모습은 흡사 다섯 여왕이 초록빛 드레스를 걸친 채 도도한 자태를 뽐내며 모여 서 있는 것 같습니다. 그 주위로 여왕의 무릎에도 못 미치는 크기의 수많은 구애자, 즉 수술들이 희망도 없이 바글거리며 아우성치고 있습니다.

　이제 화창하기 그지없는 여름날, 사파이어와 터키석 빛깔이 어우러진 궁전 한복판에서 무기력하고 속절없는 기다림이, 결코 그 결말을 예측할 수 없는 침묵의 드라마가 펼쳐지기 시작합니다. 하염없이 흐르는 시간은 꽃들에게는 몇 년의 세월이나 마찬가지지요. 마침내 그 찬란한 꽃의 빛깔도 바래고 잎도 하나둘 떨어져나가, 여왕들의 고고한 자태 역시 삶의 무게에 짓눌려 점점 수그러드는 것 같습니다.

　그리고 때가 되자 테스트는 그것으로 충분하다고 판단한 사랑의 단호하면서도 은밀한 명에 따르듯, 다섯 여왕은 분수의 다섯 물줄기처럼 우아하고 조화로운 포물선을 그리면서 겸손한 구애자들 쪽으로 일제히 몸을 기울여 그 애달픈 입술들로부터 혼례의 황금빛 가루를 취하는 것입니다!

지금까지 살펴본 것처럼 꽃의 세계에서는 예기치 못한 일이 참 많이 일어납니다. 그들의 지혜를 일일이 묘사한다면, 조지 로마네스가 동물의 지혜에 관해 썼듯이(『*Animantelligence*』, 1881 – 옮긴이) 두툼한 책 한 권이 될 정도지요.

하지만 나는 이 글을 통해 그런 개론서를 시도하려는 의도는 조금도 없습니다. 단지 지나치게 자신만만해하며 우리 스스로를 특별한 존재로 여기는 이 세상에, 그것도 우리 바로 곁에서 벌어지고 있는 몇 가지 흥미로운 일에 이제는 주목해보자는 이야기를 하고 싶을 뿐입니다. 그저 이런저런 상황 속에서 유심히 관찰했을 뿐, 일부러 고르고 솎아낸 일들을 이야기하는 것은 결코 아닙니다.

내가 이 작은 기록에서 유독 꽃에 집중하고자 하는 것은, 가장 경이로운 현상들이 꽃에서 나타나기 때문입니다. 일단 끈끈이주걱, 벌레잡이통풀, 사라세니아 같은 식충식물은 제외할 생각입니다.

그것들은 거의 동물의 영역에 근접해 있을 뿐 아니라 보다 전문적인 공부를 필요로 하는데, 나는 보통 말하는 그냥 꽃, 움직이지도 않고 감각도 모른다고 흔히 생각하는 그런 꽃에만 매달리고 싶기 때문입니다.

이론에 치우친 논의는 되도록 피하기 위해, 꽃이 실현한 것들을 마치 인간처럼 미리 예견하고 생각해서 그렇게 한 것인 양 이야기해봅시다. 그중 어디까지가 꽃 자체에 해당되는 이야기인지는 나중에 따져보기로 하고 말이죠. 지금 이 순간만큼은 이성과 의지를 갖춘 화려한 공주님처럼 꽃이 홀로 무대 위에 서 있는 셈입니다. 아니 정말 꽃이 이성과 의지를 겸비한 것처럼 보인다는 데에는 이론의 여지가 없습니다. 그런 생각을 떨쳐버리려면 오히려 애매모호한 설들에 기대야 할 판입니다.

꽃은 줄기 끝에, 그 찬란한 성소 안에 식물의 생식기관을 보듬어 안고 묵묵히 존재하고 있습니다. 어찌 보면 사랑의 성소 깊숙한 곳에서 암술과 수술의 신비스러운 결합이 이루어지게끔 그냥 가만히 있으면 될 것도 같습니다. 실제로 많은 꽃들이 그에 동의하는 듯하고요. 하지만 다른 어떤 꽃들의 경우 암수가 서로 다른 개체로 갈라진 탓에, 평범한 방법으로는 결코 해결할 수 없는 문제가 존재하는 것 또한 사실입니다.

같은 꽃부리 안의 암술머리와 그를 둘러싼 꽃밥 간의 수분, 즉 자가수분이 결국 종의 퇴화로 이어진다는 사실을 꽃 스스로 깨닫기까지 까마득한 옛날부터 도대체 얼마나 많은 시행착오를 거듭해온 것일까요? 무얼 깨달아서도, 어떤 경험을 활용해서도 아니라고 말하는 사람도 있을 것입니다. 자연 만물의 이치가 자가수분을 통해 허약해진 씨앗과 초목을 저절로 차츰차츰 제거해나간 것뿐이라고 말이죠.

어쨌든 꽃밥이 닿을 수 없을 만큼 암술이 커져버리는 등의 비정상적인 현상 때문에 스스로 수정하지 못한 꽃만 건강하게 살아남았습니다. 숱한 우여곡절 끝에 이런 예외적인 존재들이 생존하게 되면서, 우연의 작업이 유전 법칙 속에 정착하고 정상적인 부류가 도리어 생명의 장에서 퇴출당한 것입니다.

이런 설명들이 무엇을 의미하는지는 앞으로 차츰 확인하기로 하고, 일단 들이나 정원으로 다시 한 번 나가봅시다. 그리하여 꽃의 솜씨로 빚어낸 신기한 발명품을 두세 가지쯤 보다 자세히 공부해보는 겁니다.

자, 보십시오. 집에서 그리 멀리 나오지 않아도 꿀벌들이 윙윙대는 가운데 매우 능수능란한 기술자가 거주하는 향기 그윽한 덤불이 여기 있군요. 시골에 살아본 경험이 별로 없다 해도 깨꽃을 모르는 이는 아마 없을 것입니다. 무척 소박한 꽃부리가 마치 게걸들린 주둥이처럼 힘차게 열려서, 지나는 햇살을 냉큼 물어뜯을 것 같은 모양새입니다. 실은 종류가 워낙 여러 가지여서 지금부터 살펴볼 수분 장치는 그 모두에 해당되는 것도 아닐뿐더러 그 장치를 다들 완벽하게 가동하는 것도 아닙니다.

이제 그중에서 가장 흔히 볼 수 있는 종류, 특히 요즘 마치 봄의 행보를 환영하려는 듯이 나의 올리브나무 단지 담장을 온통 보랏빛 휘장으로 뒤덮고 있는 그 깨꽃을 살펴보고자 합니다. 분명히 말하지만, 제왕을 맞이하는 대리석 궁전의 발코니도 이보다 더 탁월하고 화려하며 향긋하게 치장되지는 못할 것입니다. 정오의 종소리가 울려 퍼져 하루 중 가장 따스한 기운이 넘칠 즈음에는 태양의 광채에서 뿜어져 나오는 향내가 아닐까 싶을 정도로 사방 천지가 향기롭습니다⋯⋯.

조금 자세히 들어가볼까요? 흡사 망토의 후드처럼 생긴 꽃의 윗입술을 들춰보면 여성 기관에 해당하는 암술머리가 남성 기관에 해당하는 두 개의 수술과 더불어 자리 잡고 있습니다. 이렇듯 같은 공간을 쓰고 있는 수술들이 집적거리지 못하도록, 암술머리는 그들보다 두 배는 길어 보입니다. 아예 접근 자체를 불허하는 것이겠죠.

그럼에도 거듭 불의의 사고(?)를 방지하는 차원에서, 이 꽃의 수술들은 암술보다 일찍 성숙해 정작 여성 기관이 수태 능력을 갖출 즈음이면 남성 기관들은 이미 그 수명을 다하게 되어 있습니다. 따라서 홀로 남겨진 암술머리에 꽃가루가 닿아 수분이 이

이 지상에서 죽음에 대항해 싸우는
모든 생물체가 그러하듯
꿀벌 역시 자기 자신과
자신의 종족을 위해서만 존재할 뿐이며,
설사 꽃들이 자기 배를 불려준다 해도
그들에게 실없이 봉사할 생각일랑 추호도 없습니다.

자, 이런 꿀벌로 하여금
자신의 뜻에 반해,
최소한 자신도 모르는 사이에
꽃의 혼사를 돕게 하려면
어떻게 해야 할까요?

루어지기 위해서는 외부로부터 어떤 힘이 개입되어야만 합니다.

소위 풍매화라 불리는 일부 꽃은 이 문제를 바람에게 맡기지요. 하지만 깨꽃을 비롯한 대부분의 꽃은 충매화로, 오로지 곤충들만 선호하고 그들의 협조에만 전적으로 의지합니다. 아, 물론 그렇다고 해서 세상에 공짜란 없으며 무작정 남의 동정만을 기대해선 안 된다는 사실을 이 분별력 넘치는 깨꽃이 모를 리 없습니다. 꿀벌의 터무니없는 호의를 기대하면서 무모하게 시간 낭비나 하고 있을 녀석이 아니지요.

그런가 하면 이 지상에서 죽음에 대항해 싸우는 모든 생물체가 그러하듯 꿀벌 역시 자기 자신과 자신의 종족을 위해서만 존재할 뿐이며, 설사 꽃들이 자기 배를 불려준다 해도 그들에게 실없이 봉사할 생각일랑 추호도 없습니다. 자, 이런 꿀벌로 하여금 자신의 뜻에 반해, 최소한 자신도 모르는 사이에 꽃의 혼사를 돕게 하려면 어떻게 해야 할까요?

바로 이런 고민 속에서 깨꽃은 기막힌 사랑의 함정을 고안해내기에 이릅니다. 자신의 보랏빛 천막 깊숙한 곳에 신주 같은 꿀을 상당량 비치해두는 것이지요. 일종의 미끼라고나 할까요? 다만 그 달콤한 진액에 꿀벌이 마구잡이로 접근하는 걸 차단하기 위해, 네덜란드의 도개교를 들어 올리는 나무 기둥과 유사한 두 개의 막대, 즉 수술들이 세로로 나란히 놓여 있습니다. 각각의 막대 바깥쪽 끝에는 주머니가 달려서 꽃가루가 가득 담겨 있고, 꽃 안쪽으로 들어가는 끝에는 조금 무거운 또 다른 주머니가 무게 추 구실을 하고 있습니다.

이제 꿀벌이 꿀을 얻으러 꽃 속을 파고들면, 우선 머리로 안쪽의 무게 추 주머니들을 밀고 들어갈 수밖에 없습니다. 그럼 두 개의 막대가 마치 시소의 한쪽 끝이 들리듯 나란히 움직이고, 바깥쪽 끝에 매달린 꽃가루주머니가 자동으로 내려와 꿀벌의 옆구리를 지그시 누르면서 풍부한 꽃가루를 묻힐 수 있는 것이지요.

이윽고 그 꿀벌이 빠져나오면, 무게 추의 작용으로 모든 장치가 정상화되어 또다시 새로운 손님을 맞이할 만반의 태세를 갖추는 것입니다.

그런데 이는 기껏해야 전반전에 지나지 않습니다. 이후의 일은 전혀 다른 양상으로 펼쳐지지요. 이제부터는 수술이 이미 시들어버린 옆의 꽃 속에서 오매불망 꽃가루를 기다리는 암술이 주인공입니다. 암술은 후드처럼 벌어진 꽃잎 밖으로 천천히 고개를 내밉니다. 점점 길어지면서 아래로 휘는가 하면, 시든 수술들 대신 꿀을 지키기라도 하겠다는 듯 스스로 두 갈래로 갈라지기까지 합니다.

수술 막대가 졸아붙은 꽃 속을 이번에는 꿀벌의 머리통이 자유롭게 파고들지만, 길게 휘늘어져 약탈 현장을 굽어보는 두 갈래의 암술머리는 그사이에 꽃가루 범벅인 놈의 양 옆구리를 정확히 쓰다듬을 수 있지요. 그렇게 갈라진 암술머리가 은빛이 감도는 꽃가루를 실컷 빨아들이는 동안 마침내 수정이 완성됩니다.

누구든 가느다란 지푸라기나 성냥개비를 꽃 속에 들이밀어보면 이 모든 장치를 즉시 가동시킬 수 있으며, 얼마나 희한하고 놀라운 전략이 한 치의 오차도 없이 수행되는지 어렵지 않게 확인할 수 있습니다.

깨꽃은 원래 변종이 오백여 가지나 있을 정도로 그 면면이 다양
하지만, 대부분 타가수분의 어려운 난관을 이처럼 우아한 방식으
로 헤쳐나갑니다. 그런데 인간세계에서 새로운 발명품이 하나 탄
생하면 지칠 줄 모르는 탐구자들이 보다 간편하게 개선한 상품을
금세 내놓는 것과 마찬가지로, 꽃의 세계에서 역시 깨꽃의 특허
품은 여러 세부적인 차원에서 변화와 완성의 과정을 겪는 것 같
습니다.

예컨대 작은 숲 그늘을 거닐 때 틀림없이 한두 번쯤은 당신 눈
에 띄었을 송이풀은 아주 교묘하게 변화한 모습을 보여주고 있습
니다. 일단 꽃부리의 형태는 깨꽃의 꽃부리와 유사합니다. 암술머
리와 두 개의 꽃밥도 후드처럼 생긴 꽃의 윗입술 속에 함께 자리

하고 있습니다. 그 보드라운 성소 안에 두 개의 서로 다른 성 기관이 다소 비좁게 붙어 지내는 것 또한 마찬가지입니다.

그럼에도 깨꽃과는 또 다른 장치로 인해 자가수분의 가능성은 역시 전무한 상태입니다. 실제로 꽃밥은 꽃가루로 가득 찬 두 개의 주머니로 이루어져 있습니다. 그런데 구멍이 각각 하나씩인 이 주머니들이 마주 보는 상태로 딱 붙어서, 결국 서로의 구멍을 막고 있다는 점이 이색적입니다. 두 개의 수술 막대가 서로를 향해 구부러져 그 끄트머리의 두 꽃가루주머니가 주둥이를 맞대고 붙어 있는 형국이지요.

여기에 꿀벌이 꿀을 길으러 꽃 속을 파고들면, 두 주머니의 접합부를 건드리지 않을 수 없습니다. 그 충격만으로도 두 주머니는 서로 분리될 뿐만 아니라, 구부러져 있던 수술막대의 반동에 힘입어 꿀벌의 등짝을 향해 시원스레 꽃가루를 살포하는 것이지요.

꽃의 선견지명과 기발한 재능이 연출하는 장관은 여기서 끝나지 않습니다. 한번 그렇게 꽃가루를 묻힌 꿀벌이 다른 꽃으로 날아가 꽃부리 속으로 머리를 들이밀면 제일 먼저 만나는 것이 그 꽃의 암술머리인데, 이때 서로 접촉하는 부위가 방금 전 꽃가루 세례를 받은 바로 그곳과 정확히 일치하니 그저 놀라울 따름입니다.

사실 이러한 예는 끝없이 열거할 수도 있을 것입니다. 그만큼 모든 꽃이 제각각 자기만의 아이디어와 체계를 가지고 있으며, 각자의 체험을 바탕으로 새로운 방법을 개발해내고 있으니까요. 그들의 미세한 발명품과 다양한 수단을 가까이서 지켜보노라면 인간의 기술적 영감이 유감없이 발휘되는 대규모 기계 공구 전시장의 열기가 느껴지는 듯합니다.

그런데 우리 인간의 기술적 영감이라고 해봐야 바로 엊그제 일이지만, 꽃의 재능과 아이디어는 그야말로 까마득한 세월 동안 이어져온 것입니다. 꽃이 이 지구상에 처음 모습을 나타냈을 때는 그 주위에 보고 따라 할 대상이 전혀 없었겠지요.

우리가 몽둥이와 활, 도리깨와 씨름하던 시절, 그보다는 가깝지만 여전히 물레와 도르래와 달구 따위를 고안하던 시대, 나아가 투석기라든가 괘종시계 또는 베틀이 우리의 자랑스러운 걸작품이던, 거의 엊그제나 마찬가지인 시기를 통틀어 깨꽃은 한 치의 오차도 없이 축의 원리로 움직이는 한 쌍의 수술 막대를, 송이풀은 서로를 제때 여닫는 두 개의 정교한 꽃가루주머니를 개발해 사용해온 셈이지요.

지상에 나무가 생겨났을 때부터 단풍나무가 즐겨 활용해온 프로펠러의 원리를 인간은 도대체 언제 발견하고 기고만장해왔던 걸까요? 낙하산이든 비행기든 우리가 과연 민들레보다 더 견고하고 가볍고, 섬세하고 안전한 비행 수단을 고안해낼 수 있을까요?

에스파냐금작화의 비단같이 섬세한 조직 속 어디에 그처럼 황금빛 꽃가루를 펑펑 뿜어대는 탄력이 숨어 있는지, 우리는 언제쯤 알 수 있을까요? 이 책의 첫머리에서 잠깐 언급한 비터멜론이 그 경이로운 힘의 비밀을 우리에게 가르쳐줄 날이 과연 올까요?

비터멜론을 아시나요? 지중해 연안을 따라 흔하게 널려 있는 박과 식물의 일종입니다. 과육이 풍부한 그 열매는 작은 오이처럼 생겼는데, 엄청난 활력과 불가해한 에너지를 품고 있지요.

녀석은 한창 무르익을 즈음 누군가가 살짝 손만 갖다 대면 갑자기 발작을 일으키듯 꽃자루에서 떨어져 나옵니다. 그뿐 아니라 그로 인해 생긴 구멍을 통해 끈적거리는 점액질의 내용물을 울 컥 내뿜는데, 그 힘이 어찌나 센지 속에 섞인 수많은 씨앗을 반경 4~5미터까지 퍼뜨립니다.

만약 우리 인간이 녀석과 같은 분사력으로 체내의 장기와 혈액 을 단번에 뿜어낸다면, 크기의 비율을 감안해 반경 500미터까지 는 충분히 가 닿게 할 수 있을 것입니다. 그야말로 제대로 된 탄도 학적 원리에 따라 다량의 씨앗이 사출되는 셈인데, 그 힘의 근원 은 아직 미지의 베일에 가려져 있습니다.

이처럼 금작화나 유채의 폭발력도 무시할 수 없지만, 식물계에 서 포병술의 거장이라면 뭐니뭐니해도 속수자를 따를 자가 없을 것입니다. 이 녀석은 대극과에 속한 식물로 제법 화려하게 생긴 '독초'인데, 양껏 자라면 사람 키에 버금갈 정도지요.

지금 내 책상 위에도 속수자 가지 하나가 물이 든 컵에 얌전히 담겨 있습니다. 거기에는 씨를 가득 머금은 초록빛 삭과가 여럿 달려 있지요. 그런데 이따금 요놈들 중 하나가 요란스레 터지면 서 그 안의 씨 알갱이들을 내 방 가구와 벽 여기저기에 엄청난 기 세로 뱉어내는 것입니다. 혹 그중 하나라도 얼굴에 맞는다면 무 슨 벌레에라도 쏘인 것처럼 따끔거릴 테지요. 그만큼 핀 머리 정 도밖에 안 되는 작은 알갱이들이 쇄도하는 힘이 엄청나다는 얘기입니다.

삭과를 들여다보면서 어딘가에 용수철 장치가 숨어 있는지 아무리 조사해봐도 그 탄력의 비밀을 알아낼 수는 없을 것입니다. 우리 인간의 신경처럼 그 역시 눈에 보이지 않으니까요.

에스파냐금작화는 꼬투리도 꼬투리지만 꽃들까지도 엄청난 스프링 장치를 장착하고 있는 모양입니다. 아마 여러분도 이 대단한 초목을 본 적이 있을 겁니다. 그 어떤 토양도, 어떤 시련도 마다하지 않고 늘 삶에 억척스럽게 매달려 굳세고 담대하게 살아가는 강건한 금작화 가문의 대표 주자지요.

프랑스 남부 지방의 산속이나 길가를 따라 울창한 덤불을 이루면서, 가끔은 키가 3미터나 되도록 자라기도 합니다. 특히 5월과 6월, 에스파냐금작화가 눈부신 황금빛 꽃으로 화려하게 단장하면, 이웃한 인동덩굴과 함께 뒤엉킨 그 향내가 칼칼한 햇살 아래 형언할 수 없는 황홀경을 펼쳐놓습니다. 그걸 제대로 묘사하려면 어쩔 수 없이 '천국의 이슬방울'이나 '낙원의 샘', '푸른 동굴 속의 별빛 투명한 낙수'라도 떠올려야 하지요.

이 금작화의 꽃망울은, 꽃부리가 나비꼴인 모든 콩과 식물이 그러하듯 우리네 정원에 핀 완두콩 꽃을 닮았습니다. 흡사 갤리선의 충각처럼 모인 아래쪽 꽃잎들은 수술과 암술을 교묘하게 감추고 있지요. 꽃이 완전히 숙성하기 전에는 꿀벌이 아무리 파고 들려 해도 소용이 없습니다.

하지만 일단 감춰진 배필들 간의 혼례 시기가 무르익으면, 꿀벌의 무게에 못 이기는 척 아래쪽 꽃잎들이 슬그머니 휘장을 내리듯 화려한 내실을 비로소 세상에 공개하지요. 이때 그 속에서 힘차게 뿜어져 나오는 눈부신 꽃가루들은 빛나는 운무처럼 주위의 꽃들로 퍼져나가고, 그와 동시에 차양처럼 드리운 위쪽의 너른 꽃잎이 자상하게 너울거리면서 수태할 준비가 된 신부의 머리에 꽃가루를 묻혀줍니다.

그러나 식물이 보여주는 가장 완벽하고 조화로운 지혜의 증거를 대보라고 한다면 나는 단연코 난초를 추천하겠습니다. 이 까다롭고 오묘한 꽃 속에서 식물의 천재성은 극에 달하고, 기발한 섬광으로 수많은 영역의 경계를 단번에 꿰뚫어버립니다.

그렇다고 난이라는 이름에 너무 휘둘릴 필요는 없습니다. 유별나게 귀하고 소중한 꽃을 살펴보자는 것도, 정원사보다는 금은세공사의 보살핌을 필요로 할 온실 속 여왕 마마 같은 존재를 이야기하자는 것도 아니니까요.

모든 평범한 '잡초'를 포함해 이 유럽 땅에서 자라는 야생화에는 25종 이상의 난초가 포함되어 있으며, 더없이 복잡하고 독창적인 꽃의 양태 역시 그 안에서 충분히 확인할 수 있습니다. 찰스

식물이 보여주는 가장 완벽하고 조화로운
지혜의 증거를 대보라고 한다면
나는 단연코 난초를 추천하겠습니다.
그 풍부하고 환상적인 생활사를
이 자리에서 단 몇 줄로 요약한다는 건
생각도 할 수 없는 일입니다.

다윈의 『곤충에 의한 난의 수정에 관하여』는 바로 이를 집중적으로 연구한 저서인데, 꽃의 영혼이 보여주는 지극히 영웅적인 분투에 대한 경이로운 기록을 담고 있지요.

　그 풍부하고 환상적인 생활사를 이 자리에서 단 몇 줄로 요약한다는 건 생각도 할 수 없는 일입니다. 그럼에도 불구하고 이왕 꽃의 지혜를 파고들고자 나선 만큼, 난 꽃의 습성과 책략에 관해서는 가능한 한 충분히 설명할 필요가 있겠습니다. 꿀벌이나 나비를 끌어들여 정해진 시간과 형식에 따라 자신이 바라는 일을 정확히 수행하도록 만드는 기술 면에서는 가히 타의 추종을 불허하는 꽃이니까요.

난 꽃의 매우 복잡한 메커니즘을 특별한 그림도 없이 설명한다는
건 결코 쉬운 일이 아닙니다. 그래도 화분괴라든가 순형화판, 취
상돌기 등 식물학에 별로 익숙지 않은 사람들에게는 전혀 달갑지
않을 전문 용어는 되도록 피해가며 최대한 근접한 비유를 통해
정성껏 설명해볼 생각입니다.

　우선 이 유럽 땅에 가장 널리 분포되어 있는 난 꽃 가운데 하나
인 오르키스 마쿨라타라든지, 아니면 좀더 커서 관찰하기 쉬운
잎 넓은 오르키스 라티폴리아를 예로 드는 것이 좋겠습니다. 이
활기찬 식물은 키가 30~60센티미터까지 자랍니다. 숲과 습한 초
지에서 흔히 구경할 수 있으며, 장밋빛이 감도는 작은 꽃들이 밀
추꽃차례를 이뤄 5월과 6월에 활짝 피어나지요.

이 유럽 땅의 난초가 피워내는 대표적인 꽃의 형태는 마치 중국 용의 떡하니 벌린 아가리를 닮았습니다. 레이스 달린 앞치마처럼 길게 늘어진 아래 꽃잎이 곤충에게 마음 놓고 착지할 수 있는 받침대 구실을 해준다면, 둥그스름한 후드처럼 생긴 위 꽃잎은 중요한 내부 기관들을 보호합니다. 그런가 하면 꽃의 저 깊숙한 곳, 꽃자루 바로 가까이에는 기다란 원뿔 모양 꿀주머니가 신주를 담은 채 다소곳이 늘어져 있지요.

대부분의 꽃에서 암술머리는 연약한 막대 끝에 약간 끈적거리는 작은 술 장식처럼 달려 있어, 꽃가루가 당도하기만을 참고 기다립니다. 그런데 난 꽃에서는 이런 고전적인 장치를 거의 알아볼 수 없습니다. 그 대신 꽃부리로 통하는 목구멍 깊숙이, 즉 목젖이 있어야 할 바로 그곳에 서로 바짝 붙은 두 개의 암술머리가 위치하며, 특별한 기관으로 변모한 또 다른 암술머리가 그 위로 솟아나 있습니다. 그 끝에 붙은 작은 주머니, 반원형 수반처럼 생긴 기관을 전문적으로는 취상돌기라 부르지요.

어쨌든 이 반원형 수반에 가득 담긴 끈끈한 점액 속에는 두 개의 작은 공이 잠겨 있고, 거기서 두 개의 짧은 막대(결국 이것이 수술-옮긴이)가 나와 그 끝에 조심스레 봉해진 꽃가루 꾸러미를 달고 있는 상태입니다.

자, 이제 곤충 한 마리가 꽃 속을 파고드는 동안 어떤 일들이 일어나는지 살펴봅시다. 받침대로 펼쳐진 아래 꽃입술 위에 안착한 꿀벌은 꿀 냄새에 이끌려, 그것을 담고 있는 원뿔 모양 용기를 찾아 깊숙이 파고듭니다. 하지만 이런 경우를 예상한 듯 통로는 무척 비좁게 조성되어 있지요. 그 때문에 꿀벌은 앞으로 나아가면서 반원형 수반에 머리를 부딪칠 수밖에 없습니다. 미세한 충격에도 예민하게 반응하도록 되어 있는 그것은 좌우로 균등하게 그어진 금을 따라 벌어져, 끈끈한 점액이 듬뿍 묻은 두 개의 공을 쏟아내버립니다.

그것들은 꿀벌의 머리통에 닿자마자 단단히 달라붙어서, 녀석이 꽃을 떠날 때 봉인된 꽃가루 꾸러미들을 매단 짧은 막대까지 함께 달고 가도록 만듭니다. 말하자면 이때부터 꿀벌은 마치 샴페인 병을 좋다고 들고 다니는 것처럼 두 개의 뿔을 머리에 이고 다니는 격이 됩니다. 까다롭고 힘든 작업을 자기도 모르는 사이에 진행하고 있는 이 장인은 곧장 옆에 있는 꽃을 방문하지요. 여기서 만약 두 개의 뿔이 뻣뻣이 곤추선 상태라면, 그 끝에 달린 꽃가루 꾸러미는 지금 새로 방문한 꽃의 반원형 수반에 발을 담근 막대 끝 꽃가루 꾸러미와 정통으로 부딪쳐 아무런 결실도 맺지 못하고 말 것입니다.

난 꽃의 선견지명과 오랜 경험에서 비롯된 천재성은 바로 이 대목에서 빛을 발합니다. 난 꽃은 꿀벌이 자기를 찾아와 속에 든 꿀을 빨아먹은 뒤 다른 꽃으로 이동하는 시간을 면밀히 계산했으며, 그 시간이 평균 30초를 넘지 않는다는 사실을 이미 오래전에 확인해둔 것입니다.

방금 전에 우리는 꽃가루 꾸러미가 점액 범벅이 된 두 개의 공에서 솟아난 두 개의 짧은 막대 끝에 달려 있다는 걸 살펴보았습니다. 그런데 그 막대의 뿌리, 즉 공과 붙은 지점이 막질의 작은 원판으로 이루어져 있다는 사실은 미처 알지 못했지요. 그 원판들의 유일한 기능은, 놀랍게도 30초쯤 지나 저절로 수축하면서 두 개의 막대를 전방으로 기울게 만드는 것입니다!

이는 난 꽃의 치밀한 계산 능력이 시간뿐 아니라 공간 면에서도 더할 나위 없이 유효하다는 걸 말해주는 현상입니다. 꿀벌의 머리를 장식한 두 개의 꽃가루뿔은 이제 위가 아닌 앞을 향해 뻗어, 결국 새로 찾아든 꽃의 꽃가루 꾸러미가 아닌 그 한참 밑에 서로 바짝 붙어 있는 암술머리들과 마주치게 되는 것입니다!

그런데 난 꽃의 지혜는 여기서 끝나지 않습니다. 꽃가루 꾸러미와 부딪친 암술머리에는 처음부터 끈끈한 점액이 묻어 있는데, 만약 이것이 반원형 수반에 담긴 점액, 즉 지금은 꿀벌 머리에 꽃가루뿔을 붙어 있게 만드는 점액보다 점성이 강하다면 아예 그 전체가 꿀벌에게서 떨어져 나와 이번에는 암술머리에 대롱대롱 매달리고 말겠지요. 수분 기회를 가능한 한 넓혀야 하는 꽃의 입장에서 그것은 치명적인 결과라 할 수 있습니다. 그 한 번으로 수분을 끝내야만 하기 때문이죠.

그러나 역시 시간을 측정하고 공간을 잴 줄 아는 꽃은 나아가 탁월한 화학자이기도 한 모양입니다. 애당초 점성도가 다른 두 종류의 점액을 만들어 갖고 있으니 말입니다. 하나는 접착력이 강하고 공기에 노출되면 바로 굳어버리는 점액으로, 꽃가루뿔을 곤충의 머리에 붙어 있게 하는 용도입니다. 나머지 하나는 이보다 훨씬 약하게 희석된 것으로, 암술머리의 작업용이라고 할 수 있지요. 물론 이것 역시 꽃가루 꾸러미를 봉하고 있는 가늘고 신축성 높은 섬유조직을 어느 정도까지 와해시킬 만한 점성은 있습니다.

덕분에 꽃가루 중 일부는 묻어가더라도 전체 꾸러미와 그 지지대는 꿀벌의 머리에서 떨어져나가지 않는 것이지요. 따라서 녀석이 다른 꽃으로 이동해 계속해서 꽃의 수분 작업을 도울 수 있게 되는 것입니다.

피라미드난초

사실 지금까지 살펴본 내용은 유럽 땅에 서식하는 난 꽃의 가장 기본적인 수분 체계에 해당합니다. 워낙 다양한 부류가 공존하기에, 그 각각이 자신의 경험과 심리, 편의에 따라 변화를 가미하고 완성도를 높여가는 세부적인 양상은 그야말로 무궁무진하지요.

예를 들어 피라미드난초는 난 중에서도 가장 똑똑한 축에 드는 녀석인데, 입술처럼 생긴 아래쪽 꽃잎 표면에 한 쌍의 미세한 돌기가 있어 곤충의 주둥이를 꿀 쪽으로 정확히 유도하고, 기대한 과업을 확실히 수행하게끔 이끕니다.

그 밖에 흥미로운 개선책으로는, 꽃가루 막대를 받든 채 반원형 수반 속에 잠기는 두 개의 공을 안장 모양의 끈적끈적한 판으로 대체한다는 점을 들 수 있습니다. 당장이라도 바늘이나 돼지

의 털을 집어 들고, 곤충의 주둥이가 지나가는 경로를 따라 꽃 속
으로 들이밀어보십시오. 실용적으로 개선된 이 간편한 장치가 얼
마나 유용한지 확인할 수 있을 것입니다.

돼지의 털이 수반을 건드려 예상대로 균열을 따라 쪼개져 안장
모양의 판을 쏟아내면, 그 즉시 털에 판의 밑면이 안착합니다. 그
순간 얼른 털을 빼서 살펴보십시오. 안장의 양쪽 가장자리가 마
치 양 날개처럼 털을 냉큼 감싸 안는, 정말이지 앙증맞은 동작을
목격할 수 있을 것입니다. 이런 움직임은 물론 판의 안정성을 강
화함과 동시에, 특히 꽃가루 막대에 반드시 필요한 서로의 간격
을 보다 정확하게 조정하기 위한 것입니다.

그렇게 모든 장치가 정착되고 나면 두 번째 공정, 즉 앞서 살펴
본 것처럼 꽃가루 막대의 방향을 앞쪽으로 기울이는 과정이 시작
되지요. 이 두 과정이 복합적으로 이루어지는 데 걸리는 시간은
길게 잡아 30~35초입니다.

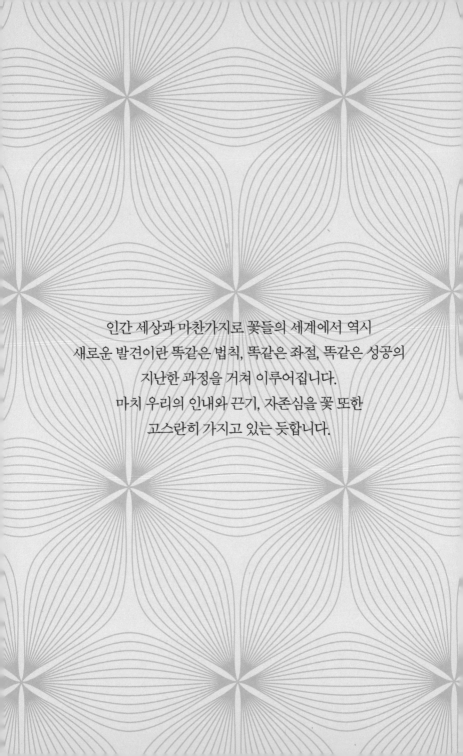

인간 세상과 마찬가지로 꽃들의 세계에서 역시
새로운 발견이란 똑같은 법칙, 똑같은 좌절, 똑같은 성공의
지난한 과정을 거쳐 이루어집니다.
마치 우리의 인내와 끈기, 자존심을 꽃 또한
고스란히 가지고 있는 듯합니다.

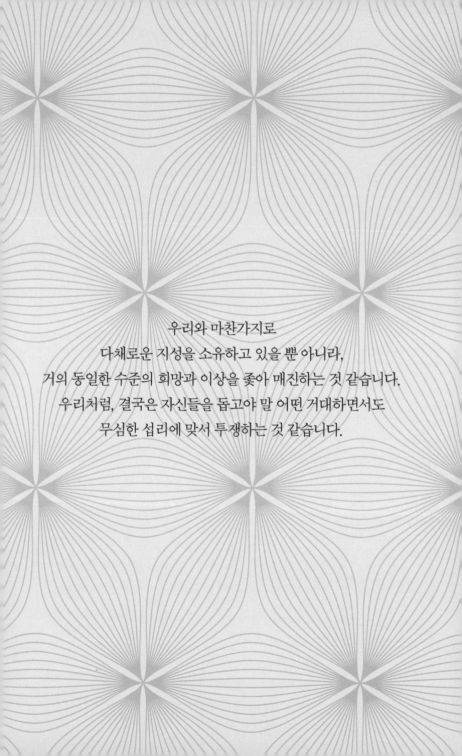

우리와 마찬가지로
다채로운 지성을 소유하고 있을 뿐 아니라,
거의 동일한 수준의 희망과 이상을 좇아 매진하는 것 같습니다.
우리처럼, 결국은 자신들을 돕고야 말 어떤 거대하면서도
무심한 섭리에 맞서 투쟁하는 것 같습니다.

인간의 발명 역시 이처럼 사소한 첨가와 무수한 되풀이에 의해 끊임없이 수정해나가는 가운데 좀더 나은 경지로 발전하는 게 아닐까요? 실제로 꽃들의 창의력이란 우리 인간의 세계에서와 마찬가지 방식으로 발현하는 것 같습니다. 똑같이 어두운 밤을 밝혀가며 모색하고 똑같은 난관과 무성의, 미지의 장애와 부딪쳐가면서 차츰차츰 그 면모를 갖춰나가는 것이지요.

인간 세상과 마찬가지로 꽃들의 세계에서 역시 새로운 발견이란 똑같은 법칙, 똑같은 좌절, 똑같은 성공의 지난한 과정을 거쳐 이루어집니다. 마치 우리의 인내와 끈기, 자존심을 꽃 또한 고스란히 가지고 있는 듯합니다. 우리와 마찬가지로 다채로운 지성을 소유하고 있을 뿐 아니라, 거의 동일한 수준의 희망과 이상을 좇아 매진하는 것 같습니다. 우리처럼, 결국은 자신들을 돕고야 말 어떤 거대하면서도 무심한 섭리에 맞서 투쟁하는 것 같습니다.

꽃들의 독창적인 상상력은 진지하고 세심한 과정들, 굽이굽이 험난하고 비좁은 오솔길들을 조심스레 밟아가다가도, 느닷없이 예기치 못한 도약을 통해 알 수 없는 발명품을 불쑥 선보입니다.

난초과 식물 중에서도 위대한 발명가이자 아메리카 대륙의 귀하신 가문에 속하는 카타세툼이 바로 그런 식으로 자신의 활로를 개척한 경우지요.

이를테면 자기에게 너무 진부하다고 생각되는 난 꽃의 상당한 습성을 글자 그대로 '뒤집어엎어'버렸는데, 우선 성별 구분만큼은 확실해야 한다는 것이 '이분'의 새로운 깨달음이었습니다. 그 결과 암수가 각각 자기만의 꽃을 갖게 된 것이지요.

아울러 꽃가루덩이 혹은 꽃가루 꾸러미를 달고 있는 막대 역시 더 이상 끈끈한 액체에 우두커니 발 담근 채, 꿀벌 머리에 운 좋게 들러붙을 날만 기다리고 있지는 않게 되었습니다. 이제 그것은 일종의 밀실 속 강력한 스프링 장치와 더불어 몸을 잔뜩 도사리고 있습니다. 그곳의 어떤 점도 특별히 곤충의 주의를 끌지는 않습니다. '의연하신' 카타세툼께서는 평범한 난 꽃들처럼 방문객의 이런저런 움직임에 의존하지 않는다는 뜻이지요. 정확하고 일관

될 수는 있으나 여전히 우연에 의한 움직임일 테니까요.

그렇습니다. 이제 곤충은 멋진 장치가 내장된 꽃을 들락거리는 정도가 아니라 살아 움직이는, 글자 그대로 감수성 예민한 꽃 속을 파고드는 셈입니다. 구릿빛 비단으로 이루어진 웅장한 앞뜰에 곤충이 내려앉기 무섭게, 놈이 건드릴 수밖에 없는 길고 예민한 안테나들이 건물 전체에 경보를 발령합니다. 그러면 즉시 밀실이 개방되는데, 그 안에는 끈끈한 점액질 원판에 박힌 작은 막대가 마치 용수철처럼 웅크리고 있고, 그 끄트머리에는 두 개의 꾸러미로 나뉜 꽃가루덩이가 달려 있습니다.

갑작스러운 개방과 함께 밀실 안의 내용물이 용수철의 반동 원리로 힘차게 튕겨나가는 건 당연한 이치겠죠. 여기에 절묘한 탄도학적 계산이 빛을 발휘한 결과, 끈끈한 점액판이 앞으로 뻗어나가 곤충의 몸에 강하게 부딪치면서 동시에 철썩 달라붙도록 되어 있습니다.

난데없는 충격에 화들짝 놀란 곤충은 예상외로 공격적인 꽃부리에서 최대한 빨리 벗어날 생각에 옆에 있는 꽃으로 곧장 도망치듯 날아갑니다. 결국 아메리카 대륙 고유의 유별난 난 꽃이 바라던 대로 모든 일이 착착 맞아떨어지는 셈이지요.

꽃들의 독창적인 상상력은
진지하고 세심한 과정들,
굽이굽이 험난하고 비좁은 오솔길들을
조심스레 밟아가다가도,
느닷없이 예기치 못한 도약을 통해
알 수 없는 발명품을 불쑥 선보입니다.

내친김에 또 하나의 이국적인 난초과 식물인 개불알꽃이 수분 체
계를 어떻게 실용적이면서도 단순하게 고쳤는지 살펴볼까요? 자
고로 인간의 발명이란 늘 어떤 문제를 중심으로 이리저리 맴도는
가운데 무르익는다는 점을 상기해봅시다. 예컨대 작업장의 어느
조립공 혹은 실험실의 한 약학과 학생이 하루는 스승에게 이렇게
말합니다.

"혹시 지금까지 해온 것과 정반대로 해보면 어떨까요?"

"움직임을 반대로 뒤집어보면 어떻겠습니까?"

"용액 섞는 순서를 뒤바꾸면 어떻게 될까요?"

그런 식으로 경험은 새로운 국면을 향해 나아가겠지요. 그러다
미지의 영역에서 전혀 예기치 못한 어떤 성과가 불쑥 솟아오릅니

다. 분명 개불알꽃들 사이에서도 그런 식의 대화가 끼리끼리 활발하게 오갔을 것입니다.

사실 개불알꽃은 제법 널리 알려진 꽃입니다. 그 큼직한 주걱턱하며 왠지 심술 사나울 것 같은 분위기 때문에 우리네 온실에서도 가장 독특한 꽃이라 할 수 있지요.

무엇보다도 개불알꽃의 강점은, 꽃가루덩이라든가 용수철 같은 막대, 끈적끈적한 원판과 점액 등 지금까지 보아온 모든 섬세하고 복잡한 장치를 과감히 버렸다는 데 있습니다. 아울러 다른 꽃들과는 정반대로 암술머리가 전혀 끈적끈적하지 않고, 대신 분말 상태여야 할 꽃가루 자체가 끈끈한 점액으로 뒤덮여 있다는 점이 무엇보다 놀랍습니다.

이 같은 혁신적인 조치의 장점과 단점은 과연 무엇일까요? 일단 곤충이 운반해온 꽃가루가 암술머리 외의 다른 곳에 붙을 수도 있다는 점이 걱정스럽습니다. 그런가 하면 이질적인 꽃가루의 수분 능력을 무력화시키기 위해 암술머리가 특정한 용액을 분비하지 않아도 된다는 장점이 있겠지요. 어쨌든 이 문제에 대해서는 별도로 연구해볼 필요가 있겠습니다. 그 유용성이 당장 와닿지는 않더라도 기발한 특허는 얼마든지 있을 수 있으니까요.

꿀샘이라는 장치

난초 이야기를 마무리하기에 앞서, 사실상 그 모든 장치를 실질적으로 가동시키는 일종의 보조 기관에 대해 몇 마디 하지 않을 수 없군요. 다름 아닌 꿀샘에 관한 이야기입니다. 꽃의 천재성 측면에서 볼 때 꿀샘은 다른 핵심 기관의 경제적 효율을 위한 변화 과정 못지않게, 다양하고 기발한 지혜가 동원된 탐구와 실험의 결과물입니다.

꿀샘은 기본적으로 앞이 뾰족한 원뿔형 통처럼 생겼으며 나비나 딱정벌레, 꿀벌 같은 곤충의 자양분이 되어줄 달콤한 진액을 담고 있습니다.

다시 말해 자신에게 없어서는 안 될 손님들의 주의를 끌어야만 하는 처지이며, 이미 그들의 크기와 습성과 구미에 스스로를 맞

춰놓은 상태입니다. 언제든 주둥이를 앞세워 안으로 파고들어온 곤충들이 꽃의 유기적인 법칙이 정해놓은 모든 의식을 정성껏 차례차례 수행한 다음 떠날 수 있도록 꿀샘은 늘 준비되어 있는 셈이지요.

난 꽃의 기상천외한 상상력과 성향을 익히 알고 있는 우리로서는, 특별히 유연한 기관이 관련된 문제이니만큼 다른 부분과 마찬가지로, 아니 다른 어느 곳보다 더욱더 창의적이고 실용적이며 주도면밀한 지혜가 발휘될 거라는 예상쯤은 충분히 할 수 있을 것입니다.

예를 들어보면 '지네발난'이라는 녀석은 꽃가루덩이를 곤충의 머리에 신속하게 붙이기 위한 성능 좋은 점액을 생산하기가 여의치 않자, 꿀샘을 찾아 파고드는 손님의 주둥이를 꽃의 좁은 통로 안에 최대한 붙들어놓는 것으로 문제를 해결했습니다. 그 미로처럼 얽히고설킨 통로가 어찌나 복잡한지, 다윈과 함께 작업한 내로라하는 식물 화가도 넌더리를 내며 그리기를 포기했을 정도랍니다.

심지어 '모든 단순화는 완성을 의미한다'는 탁월한 원리에 근거하여, 꿀을 담는 원뿔형 통마저 과감히 없앤 경우도 있습니다. 대신 즙이 많은 일종의 쫄깃쫄깃한 혹이 곤충들을 유인해 스스로를 갉아먹게 만들어놓았지요. 물론 손님이 거기 집적거리는 동안 모든 꽃가루 장치가 자동으로 가동되는 것은 두말할 필요도 없습니다.

두레박난

이처럼 끝 모를 다양한 재주를 두서없이 나열하기보다는, 이제 두레박난의 계략을 살펴보는 것으로 이 동화처럼 신기한 이야기를 마무리할까 합니다. 솔직히 말해서, 도대체 어떤 존재인지 똑 부러지게 설명할 수 없을 정도로 이 녀석은 기상천외한 상상력의 산물입니다.

아래쪽 꽃입술은 큼직한 잔이나 두레박처럼 생겼는데, 바로 위에 드리운 두 개의 원뿔 모양 관에서 나오는 맑은 물 같은 액체가 그 안으로 방울방울 떨어지지요. 그러다 두레박이 반쯤 차오르면 옆으로 비어져 나온 도관을 통해 물이 빠져나갑니다. 이러한 수력 시설의 생김새만으로도 눈이 휘둥그레질 지경입니다만, 정작 그 이면에 도사린 계략의, 거의 악마적이라 할 정도로 주도면밀한 진면목은 이제부터 시작입니다.

원뿔 모양 관에서 뚝뚝 떨어져 부드러운 재질의 두레박 속에 고인 액체는 꿀도 아니요, 곤충을 유인하기 위한 것도 아닙니다. 진정한 의미의 마키아벨리적 차원에서, 그보다 훨씬 더 섬세한 임무가 부여되어 있습니다.

일단 순진한 곤충은, 앞에서 잠시 언급한 쫄깃쫄깃한 혹에서 풍겨나오는 달짝지근한 향기에 이끌려 함정 속으로 빠지게끔 되어 있습니다. 그 혹은 두레박 바로 위, 구멍 두 개를 갖춘 일종의 방 안에 자리 잡고 있지요. 한데 작은 곤충들은 화려하고 널찍한 살롱에 드나들기가 수줍은 걸까요? 이 큼직한 꽃에 혹해서 몰려드는 곤충은 모두 덩치 큰 녀석들이니 말입니다. 아니나 다를까. 말벌이 날아와 꽃의 혹을 맛깔스레 뜯어먹기 시작하는군요.

이때 말벌이 한 마리로 그친다면 두레박이나 암술머리, 꽃가루와는 아무 상관 없이 얌전히 식사를 마치고 떠날 수 있을 것입니다. 물론 꽃의 입장에서는 그보다 더한 낭패가 없겠지요.

하지만 이 현명한 난 꽃은 자기 주위로 요동치는 삶의 면면을 속속들이 꿰뚫은 지 이미 오래입니다. 자고로 벌이라는 족속은 탐욕스럽고 부산하기 그지없는 데다 늘 바글바글 떼로 몰려다닌다는 것쯤은 훤히 알고 있지요. 햇살 화창한 시간대를 기해 요란스레 등장하는 녀석들을 잘 마련된 혼례 잔칫상에 미친 듯이 몰려들게 하려면, 그저 빠끔히 벌어진 꽃입술 어귀, 키스처럼 찡한 향기 한 점이면 충분하다는 걸 너무도 잘 알고 있습니다.

자, 이제 부지런한 말벌 두어 마리가 달콤한 방 속으로 한꺼번에 비집고 들어옵니다. 당연히 공간이 비좁을 수밖에 없겠지요. 게다가 내벽은 왠지 미끄럽고, 손님들은 거칠기 짝이 없습니다. 결국 미련한 몸싸움 와중에 적어도 어느 한 놈은 아래 대기하고 있는 두레박 속으로 떨어지고야 맙니다.

난데없이 물통에 빠진 말벌의 멋진 반투명 날개가 구석구석 젖어들면, 아무리 애를 써도 다시 날아오를 수 없습니다. 바로 이것이야말로 교활한 꽃이 노린 사태지요. 마법의 두레박에서 벗어날 수 있는 탈출로는 그 안에 든 액체를 밖으로 쏟아내버리는 도관밖에 없습니다.

한데 넓이가 곤충 한 마리가 겨우 지나갈 정도인 그 도관을 녀석이 무사히 빠져나가려면, 우선 끈끈한 암술머리에 등이 닿아야 하며, 도관 내부를 따라 죽 이어진 꽃가루덩이의 점액샘을 건드려야만 합니다. 급기야 점성이 있는 꽃가루를 잔뜩 묻힌 채 함정을 벗어난 말벌이 이웃의 다른 두레박난을 찾아들면 다시 똑같은 가짜 잔치와 어리석은 몸싸움, 물통으로의 추락, 힘겨운 탈출의

논리와 단순성을 향한 진화 과정에서
식물이 부딪치는 난관들을
과연 우리가 짐작이나 할 수 있겠습니까?

식물의 생존과 성장의 유기적인 법칙들 가운데
단 한 가지라도 우리가 완전히 꿰뚫어 안다고
자부할 수 있겠습니까?

전 과정이 반복되면서, 탐욕스러운 암술머리에게 꽃가루만 잔뜩 선사하게 되는 것이지요.

곤충의 무모한 열정을 십분 활용할 줄 아는 꽃의 지혜가 아닐 수 없습니다. 과연 이것이 한낱 황당무계하게 과장된 '해석'일 뿐이라고 주장할 수 있을까요? 천만의 말씀입니다. 이 모든 것은 어디까지나 과학적이고 정확한 관찰로부터 추출해낸 '사실'이며, 묘하게 생긴 이 꽃의 여러 기관을 다른 방식으로는 도저히 설명할 수가 없습니다. 우리로선 확실한 증거를 있는 그대로 받아들일 수밖에요.

그래봐야 우연에 기댈 수밖에 없는 일인데 왜 그토록 복잡한 장치를 동원하겠느냐고 의문을 품는 사람이 있을지도 모르겠습니다. 우리 모두 성급하게 판단하거나 답을 도출하려고 하지는 맙시다. 식물이 무슨 생각을 하는지 전부 알 수는 없는 노릇이니까요.

논리와 단순성을 향한 진화 과정에서 식물이 부딪치는 난관들을 과연 우리가 짐작이나 할 수 있겠습니까? 식물의 생존과 성장의 유기적인 법칙들 가운데 단 한 가지라도 우리가 완전히 꿰뚫어 안다고 자부할 수 있겠습니까?

하늘을 정복하려고 그토록 애쓰는 우리의 모습을 화성이나 금

성쯤에서 누군가가 내려다보고 있다면, 그들 또한 이런 질문을 하지 않을까요?

"기구, 비행기, 낙하산 같은 기괴하고 조잡스러운 도구들이 대체 왜 필요한 거지? 그저 새들처럼 두 팔에 힘센 날개를 다는 간단한 방법이 있는데 말이야."

어쩌면 특별한 상황에서 무언가를 계산하고 조작하고 치장하고 발명하고 추론하는 것은, 개개의 꽃이 아니라 대자연 그 자체라고 말할 수도 있을 것입니다. 하긴 우리 인간의 열띤 관심은 항상 그 모든 개체를 능가하는, 보다 중요하고 드높은 문제에 치중되기 마련이지요. 그렇다면 세계 곳곳에 깃든 대자연의 지혜를 살펴보면서 우리는 정작 무엇을 깨닫게 될까요? 한두 가지가 아닐 뿐더러 워낙 방대한 연구를 요하는 주제이니만큼, 일단 이 점 하나만 짚어보는 것으로 만족할까 합니다.

꽃을 통해 자연이 보여주는 아름다움이라든가 상태, 유혹의 방법과 미학적 취향 등은 우리 인간의 그것들과 무척 유사하다는 깨달음 말입니다. 아니 보다 정확하게는, 우리 인간 쪽에서 자연의 그런 요소들에 부응해왔다고 말하는 편이 낫겠군요.

사실 인간이 스스로 고유한 아름다움을 만들어냈다는 것만큼 부실한 주장도 없을 것입니다. 우리가 가진 건축학적, 음악적 모티프들, 색과 빛에 관한 그 모든 조화 의식이란 바다, 산, 하늘, 밤, 황혼 등과 같은 대자연의 품에서 직접 빌려온 것이 아니겠습니까? 예를 들어 우리 내면에 나무의 아름다움과 무관하다고 할 수 있는 것이 과연 얼마나 있을까요?

나는 지금 땅의 권능이 됐든, 우리 본능의 중요한 근원이 됐든, 우주에 대한 감각이 됐든, 숲속 명상거리로서의 나무 이야기를 넘어 나무 그 자체, 숱한 세월을 푸름으로 지탱해온 한 그루의 고독한 나무까지 더불어 말하고 있는 것입니다. 우리가 알지 못하는 사이에 우리 존재 안에 평정과 행복의 심연을, 그 투명한 동공을 구성해온 무의식적인 이미지들 중에서 아름다운 나무의 기억에 빚지지 않은 것이 과연 무엇이겠습니까?

삶의 절정을 지나 인생이라는 경이로운 시간이 그 마지막을 고해올 때, 그리하여 인류와 시대의 온갖 풍요와 정기와 예술이 제공할 수 있는 거의 모든 장관을 맛보았다고 자부한 다음 우리가 회귀하는 곳은 아주 단순한 추억의 세계입니다. 거기 정화된 지평선을 배경으로 서 있는 순수하고 변함없는 이미지 두세 개쯤은

아마도 마지막 잠 속으로까지 가져가고 싶을 것입니다. 인간의
둘로 쪼개진 세계, 차안과 피안의 문턱을 이미지가 넘을 수 있다
면 말이지요…….

　내 이야기를 하자면, 제아무리 휘황찬란한 사후 세계로 건너간
다 해도, 프로방스의 어느 시골 마을에서 본 너도밤나무라든지 이
탈리아의 한 도시에서 만난 사이프러스나무, 그것도 아니면 내 오
두막 바로 옆에 은자처럼 서 있는 소나무 한 그루가 없는 낙원은
상상조차 할 수 없습니다. 장엄한 저항의 몸짓과 평화로운 용기,
도약과 중력의 기개, 고요한 승리와 굳은 심지를 지나가는 나그네
에게 말없이 가르쳐주던…… 네, 바로 그 나무들 말입니다!

사실 인간이 스스로 고유한 아름다움을
만들어냈다는 것만큼 부실한 주장도 없을 것입니다.
우리가 가진 건축학적, 음악적 모티프들, 색과 빛에 관한
그 모든 조화 의식이란 바다, 산, 하늘, 밤, 황혼 등과 같은
대자연의 품에서 직접 빌려온 것이 아니겠습니까?
예를 들어 우리 내면에 나무의 아름다움과 무관하다고
할 수 있는 것이 과연 얼마나 있을까요?

이야기가 조금 빗나갔습니다. 나는 단지 꽃과 관련해 대자연이 스스로 아름답고 즐겁고 또 행복하길 원할 때 취하는 행동이란, 우리 인간이 그런 때에 취했을 법한 행동과 크게 다르지 않다는 점을 강조하고 싶었을 뿐입니다.

이렇게 말하는 내가, 큰 강을 항상 큰 도시 가까이 흐르게 만들어주는 것이 신의 섭리라며 찬탄해 마지않던 어느 주교와 조금도 다르지 않다는 사실을 나 자신도 잘 압니다. 그만큼 우리는 인간의 관점에서 벗어나 자연 만물을 바라보기가 어려운 것이겠지요. 같은 뜻에서, 우리가 꽃을 모르고서는 우리 자신의 행복이 어떻게 표출되고 어떤 징표로 드러나는지 역시 제대로 알기 어렵다는 점을 인정합시다.

꽃의 아름다움과 희열을 제대로 판별하기 위해서는, 지금 내가 이 글을 쓰고 있는 프로방스의 어느 한적한 구석처럼 흐드러진 꽃의 제국에서 살아봐야 할 것입니다. 이곳에서는 진정 꽃이야말로 계곡과 언덕을 다스리는 유일한 여왕입니다.

농부들도 이곳에서만은 밀을 경작하던 예전의 습속을 훌훌 털어버리고, 마치 그윽한 향기와 기막힌 음식을 향한 보다 섬세한 인간의 욕구에 충실할 뿐인 존재들처럼 처신합니다. 들판은 그 자체로 끊임없이 되살아나는 하나의 꽃다발이 되고, 그 하염없는 향기는 짙푸른 세월 따라 끝없는 원무를 추는 듯하지요.

아네모네, 비단향꽃무, 미모사, 제비꽃, 패랭이꽃, 수선화, 히아신스, 황수선, 목서, 재스민, 월하향 등이 봄, 여름, 가을, 겨울, 밤낮을 가리지 않고 범람합니다…….

하지만 뭐니뭐니해도 최고의 자리는 5월의 장미에게 양보해야 할 것입니다. 비탈진 언덕에서부터 들판의 분지에 이르기까지, 둑처럼 늘어선 올리브나무와 포도나무 사이사이로 5월의 장미는 끝없는 꽃잎의 물결을 펼쳐놓습니다. 드문드문 머리 내민 집과 나무들을 휘감으며 도도히 흐르는 색채의 강이야말로 우리가 흔히 젊음과 건강, 기쁨의 상태에 부여하는 바로 그 빛깔이 아니겠습니까?

훈훈하면서도 상큼하고, 특히 하늘을 방긋 열어젖힐 만큼 널리 퍼지는 향기는 혹시 지복의 근원에서 직접 길어오는 것이 아닐까요? 꽃들의 살점을 비집고 뻗어나간 도로와 오솔길들은, 글자 그대로 천국의 품속에 길을 내고 있는 것이나 마찬가지입니다. 어쩌면 생애 처음으로 행복의 충만한 비전을 눈앞에 두고 있는 것인지도 모르겠습니다…….

환상과 희망

여전히 우리 인간의 시각에서, 설사 그로 인해 불가피한 환상이 생기더라도 당당히 보듬어 안으면서, 이제 보다 광범위하고 약간은 묵직한 의미가 담긴 이야기를 하나 덧붙여보겠습니다. 이 자연의 정수, 세계의 본질이 생의 투쟁에 임할 때는 정확히 우리 인간과 일치하는 행동을 보인다는 사실입니다.

그것은 우리와 똑같은 방법, 똑같은 논리를 활용합니다. 우리라도 마찬가지로 채택했을 법한 수단을 동원해 목적을 이룹니다. 우리처럼 더듬거리고 주저하고, 때로는 보태고 때로는 덜어내며, 여러 차례 동일한 짓을 반복하는 가운데 오류와 실수를 가늠하고 수정해갑니다.

세계는 작업실의 기술자나 공사장의 일꾼들처럼 끙끙 고민하면서 고통스럽게 조금씩, 아주 조금씩 새로운 것을 고안해냅니다. 우리와 마찬가지로 자기 존재의 거대하고 어둡고 무거운 몸집과의 투쟁을 매 순간 이어갑니다.

우리가 때로는 어디로 갈지 갈피를 잡지 못한 채 자기 자신을 찾아 헤매면서 발견해나가듯이, 세계 또한 그렇게 자신의 본질을 찾아갑니다. 종종 이상異常의 혼란을 경험하지만, 그 와중에도 보다 열정적이고 다부진, 그리하여 더욱 영감 넘치는 삶을 향해 고개 드는 희망의 지침들을 얼마든지 거둬들이면서 말입니다.

물리적으로 볼 때 세계가 운용하는 어마어마한 힘의 비밀이라든지 무한정한 자원의 활용도를 인간의 역량과 비교할 수는 없을 것입니다. 하지만 정신적인 차원에서 세계의 움직임이란 우리 인간이 설정하는 궤도를 조금도 벗어나지 않는 것 같습니다. 적어도 지금까지는 그 반경을 이탈한 경우를 확인할 수 없으니까요.

세계가 인간의 정신적인 반경을 넘어서지 않고 있다면, 이는 곧 그 반경 너머에 딱히 길어올 만한 보물이 없음을 의미하는 게 아닐까요? 다시 말해 인간의 정신이야말로 유일한 가능성이요, 그 가능성에 대한 인간의 신뢰에 결코 오류란 없다는 것, 결국 우리는 우주의 위대한 욕망과 의지가 그 무엇보다 강렬하게 발현될 수 있는 존재라는 뜻이 아니겠습니까?

우리가 때로는 어디로 갈지 갈피를 잡지 못한 채
우리 자신을 찾아 헤매고 또 차츰차츰 발견해나가듯이,
세계 또한 그렇게 자신의 본질을 찾아갑니다.

종종 이상理想의 혼란을 경험하지만,
그 와중에도 보다 열정적이고 다부진,
그리하여 더더욱 영감 넘치는 삶을 향해 고개 드는
희망의 지침들을 얼마든지 거두어 올리면서 말입니다.

사실 우리의 인식이 기대는 지표들은 매우 천천히, 인색하리만치 더디게 드러납니다. 암벽 위에 정체불명의 그림자들이 어른거리는 플라톤의 저 유명한 동굴 이미지조차 더는 충분한 설명이 되어주지 못할 정도입니다. 한데 막상 그것을 보다 정확하고 새로운 이미지로 대체한다면, 우리는 그나마 얻어온 위안도 더 이상 기대하기 어려울 것입니다.

플라톤의 동굴보다 훨씬 더 큰 동굴을 한번 상상해보십시오. 빛이라곤 한 줄기도 새어 들지 않는 동굴입니다. 사람들은 태어나면서부터 그 안에 갇혀 지냅니다. 그들은 빛을 본 적이 없으므로 빛을 아쉬워할 이유도 없습니다. 그렇다고 장님은 아닙니다. 시력이 죽어버린 것은 아니지만, 딱히 보이는 대상이 없기에 그들의 두 눈은 어쩌면 가장 예민한 촉각기관이 되어버렸는지도 모릅니다.

자, 이제 낯선 사물들에 둘러싸인 채 캄캄한 어둠 속에서 살아야 하는 불행한 사람들을 각자 머릿속에 그려보며, 우리가 그들과 똑같은 동작을 취한다고 생각해봅시다. 부자연스러운 실수, 터무니없는 일탈, 난데없는 착각이 얼마나 심할까요! 어둠을 감안하고 만든 게 아닌 물건들을 대하는 태도에 얼마나 놀랍고 때로는 기발한 면면이 많을까요! 그중 의외로 적중하는 경우는 또 얼마나 될까요?

어둠의 불확실성에 최대한 익숙해져, 나름대로 사용법까지 터득한 도구나 연장들이라 해도 갑자기 밝은 데로 가지고 나와 그 진정한 용도와 특성을 재발견한다면, 그때의 충격과 놀라움은 과연 어느 정도일까요?

하지만 지금 우리 입장에서 보기에는 그 역시 단순하고 손쉬운 상황일 뿐입니다. 그들이 애를 먹는 것은 한정된 범위의 고충에 지나지 않는다는 얘기지요. 그들은 단 하나의 감각만이 결여되어 있는 반면, 세계 속의 우리는 이루 다 셀 수 없을 만큼 엄청난 결핍에 시달리고 있으니까요. 그들이 저지르는 실수와 오류의 원인은 단 하나에 집중되지만, 우리의 경우는 일일이 거론하기도 어렵습니다.

　그런데 우리를 바로 그와 같은 암담한 상황 속에 몰아넣은 대자연의 힘이 종종, 그것도 제법 중요한 문제들에서 우리와 똑같은 식으로 행동하고 있다니, 이 얼마나 흥미로운 일입니까! 비록 캄캄한 지하 동굴 속일지언정 거기서 터득한 우리의 깨달음에 오류가 없음을 증명해주는 밝은 빛…… 바로 그 빛의 일부가 꽃들과 곤충들에 의해 우리에게 와 닿고 있는 셈입니다!

위대한 자각

인간은 또 다른 세계로부터 난데없이 뚝 떨어져 나와 아무 상관
도 없는 이 지상의 삶을 그저 살아가는 것이 아닙니다. 그럼에도
불구하고 기적과도 같은 우연의 존재로 스스로를 단정함으로써
참으로 오랜 세월 어리석은 자만심을 키워왔습니다. 자연의 정상
적인 진화 과정 속에 결국은 묻혀버리는 것이 기적과 우연이기
에, 그러한 존재로서 자만할 이유는 어디에도 없는데 말입니다.

그보다는 차라리 이 위대한 세상의 영혼이 가는 길을 우리 역
시 따르고 있으며, 그 희망과 사고, 시련과 감정을 함께한다는 걸
직시하는 편이 우리 인간에게 더욱 위로가 되는 일일 것입니다.

나아가 운명을 개선하고 물질에 내재된 힘과 법칙과 기회를 활
용하기 위해 우리가 기대는 방법들이, 다름 아닌 그 물질이 스스

로 진화해온 방법들과 동일하다는 사실을 깨닫는다면, 그리하여
미지의 물질들로 뭉뚱그려진 이 우주에서 우리의 위치는 공고할
수밖에 없고 소박하나마 진실할 수 있다는 점을 명심한다면, 더
더욱 마음이 든든해지지 않을까요!

만약 자연이 모든 것을 알고 있고, 결코 실수하는 법이 없으며,
도처에서 벌이는 일마다 단연 완벽한 경지를 보여주어 인간의 수
준과는 비교도 할 수 없을 만큼 무한한 지혜를 과시한다면, 그것
이야말로 우리에게는 두려워하고 의기소침해질 이유일 것입니
다. 우리는 스스로 희생 제물이 된 듯한 느낌일 것이고, 어떤 동떨
어진 힘의 포로로 연명하는 것처럼 여겨질 것입니다. 무얼 깨달
아 알거나 치밀하게 계산해나갈 희망 또한 가질 수 없겠지요.

그보다는 자연을 움직이는 힘이, 적어도 지적 차원에서만큼은
인간의 힘과 밀접하게 맞물려 돌아간다고 믿는 편이 훨씬 낫습니
다. 우리 정신은 자연과 더불어 같은 우물을 사용하고 있습니다.
자연과 인간은 같은 세계에 속해 있으며, 서로 거의 닮은꼴입니
다. 우리는 범접할 수 없는 신들과 어울려 살아야 하는 처지가 결
코 아닙니다. 우호적이되 아직은 적잖은 부분이 베일에 가려져 있
는 자연의 뜻과 더불어 공존해나가야 하는 존재입니다. 그것을 밝
혀내고 이롭게 유도하는 일에 인간의 지혜를 모아야 할 것입니다.

어떤 지적인 개체들이 있는 게 아니라 일종의 보편적 지성, 우주
적 기운이 이런저런 유기체를 관류하며 그 지혜를 나눈다고 말하
는 것이 그렇게 무모한 주장일까요?

인간의 지혜는, 종교에서 흔히 신과 결부시키는 그 우주적 기
운에 가장 덜 저항하는 삶의 형식을 따를 때 비로소 온전한 힘을
발휘할 것입니다. 그때 우리 몸의 신경은 전류가 보다 섬세하게
퍼져나갈 수 있는 회로가 되어주고, 우리 뇌의 회전 장치는 그 전
력을 배가시키는 감응코일 역할을 해줄 것입니다. 돌과 별과 꽃
과 동물에게도 똑같이 관류하는 전류와 전력이 인간의 유기체를
통해 좀더 증폭되는 정도라고나 할까요.

반대로 미처 수용할 준비가 되지 못한 기관을 가지고 있다면,

신비한 에너지를 구하는 일은 허무맹랑한 바람에 그치고 말 것입니다. 우리는 일단 인간 말고도 그에 버금가는 지혜의 숱한 증거를 확인했다는 사실에 만족해야 할지 모릅니다. 따지고 보면 우리 안에서 관찰할 수 있는 모든 것은 의심스럽기 짝이 없습니다. 자기만의 세상을 대단한 환상과 희망으로 치장하는 일에 지나친 이해관계를 맺는 존재가 바로 인간이니까요.

이제는 한낱 미물이 우리에게 소중하고 귀하다는 걸 깨달아야 할 때입니다. 지금까지 꽃들이 우리에게 보여준 것은, 고산준령이라든가 드넓은 대양, 아득한 별들의 이야기에 비하면 극히 미미한 것일 수도 있습니다.

그럼에도 불구하고 꽃들이 살아가는 모습은, 만물을 살아 숨쉬게 만드는 기운이 우리 인간을 살아가게 해주는 그것과 본질적으로 다르지 않다는 걸 좀더 확신할 수 있게 해줍니다.

꽃과 우리가 서로 닮았고, 꽃이 가지고 있는 것을 우리 역시 가지고 있으며, 꽃의 방법과 습성과 관심과 성향과 욕망이 우리의 그것들과 크게 다르지 않을 때, 우리가 억누를 수 없는 본능으로 희구하는 모든 것은 저절로 그 당위성을 확보하지 않겠습니까? 우리 삶의 곳곳에 꽃의 지혜가 만개할진대, 어떻게 그 삶이 악과 죽음, 어둠과 허무에 대한 승리의 몸짓이 아닐 수 있겠습니까?

지은이 모리스 마테를링크 Maurice Polydore-Marie-Bernard Maeterlinck, 1862~1949

벨기에 출신으로 노벨문학상을 수상한 시인이자 극작가, 수필가이다. 동화 같은 희곡 작품『파랑새』
로 잘 알려져 있다. 자연과의 친화 속에서 인간과 삶의 근원적 가치를 깊숙이 탐색했다.『지혜와 운명』
(1898),『꿀벌의 삶』(1901),『꽃의 지혜』(1907),『죽음』(1913),『운명의 문 앞에서』(1934) 등 명료하
면서도 시적인 묘미가 풍부한 산문집을 다수 남겼다.

옮긴이 성귀수

시인이자 번역가. 연세대학교 불문과를 졸업하고, 동 대학원에서 박사학위를 받았다. 1991년《문학정
신》을 통해 시인으로 등단했다. 시집『정신의 무거운 실험과 무한히 가벼운 실험정신』, '내면 일기' 시
리즈 기획『숭고한 노이로제』를 펴냈다.『왜냐고 묻지 않는 삶』,『나를 아프게 하는 것이 나를 강하게 만
든다』,『오페라의 유령』,『적의 화장법』,『아르센 뤼팽 전집』(전20권),『팡토마스 선집』(전5권),『침묵의
기술』등 백여 권을 우리말로 옮겼다.

모리스 마테를링크 선집 ❶
꽃의 지혜

1판 1쇄 인쇄 2017년 3월 27일
1판 1쇄 발행 2017년 4월 7일

지은이 모리스 마테를링크 옮긴이 성귀수
펴낸이 김영곤 펴낸곳 아르테

문학사업본부 이사 신우섭 문학사업본부 본부장 원미선
책임편집 김지영 박민주 문학기획팀 이승희 신주식
문학마케팅팀 정유선 임동렬 김별 문학영업팀 권장규 오서영
프로모션팀 김한성 최성환 김주희 김선영 정지은
홍보팀장 이혜연 제작팀장 이영민 제휴마케팅팀장 류승은

출판등록 2000년 5월 6일 제406-2003-061호
주소 (우 10881) 경기도 파주시 회동길 201(문발동)
대표전화 031-955-2100 **팩스** 031-955-2151

ISBN 978-89-509-6950-9 03100
　　　 978-89-509-6957-8 (세트)

아르테는 (주)북이십일의 문학 브랜드입니다.

(주)북이십일 경계를 허무는 콘텐츠 리더

아르테 채널에서 도서 정보와 다양한 영상자료, 이벤트를 만나세요!
가수 요조, 김관 기자가 진행하는 팟캐스트 '[북팟21] 이게 뭐라고'
페이스북 facebook.com/21arte 블로그 arte.kro.kr
인스타그램 instagram.com/21_arte 홈페이지 arte.book21.com